一般動詞の過去形 ①
I played soccer yesterday.

1 次の日本文に合うように，( )内の語を適切な形にかえなさい。(10点 × 3)

(1) 私は昨日，自分の部屋を掃除しました。

I (clean) my room yesterday.

....

(2) ケンは昨日，これらの本を運びました。

Ken (carry) these books yesterday.

(3) 電車が駅に止まりました。

The train (stop) at the station.

....

2 適切な語を下から選んで，必要があれば正しい形に直して書きなさい。
ただし，与えられた語は１度しか使えない。(14点 × 3)

(1) Yumi .... math hard last night.

(2) My grandfather .... in France ten years ago.

(3) They .... the soccer game in the stadium yesterday.

〔 live, watch, study 〕

3 次の日本文に合うように，( )内の語句を並べかえなさい。(14点 × 2)

(1) この前の土曜日，カナコはパーティーを楽しみました。

Kanako (the party, Saturday, enjoyed, last).

Kanako ....

(2) 昨日の朝，たくさんの人がその公園を訪れました。

Many people (morning, the park, yesterday, visited).

Many people ....

一般動詞の過去形 ②
We had a good time.

1 次の日本文に合うように，（　）内の語を適切な形にかえなさい。(10点 × 4)

(1) あなたは以前，すてきなカメラを持っていました。

You （ have ） a nice camera before.
　　　　　　以前 　　　　　　　　　　　　............................

(2) 私はこの前の夏に，北海道へ行きました。

I （ go ） to Hokkaido last summer.
　　　　　　　　　　　　　　　　　............................

(3) 私の友だちは私にさようならと言いました。

My friends （ say ） goodbye to me.
　　　　　　　　　　　　　　　　　............................

(4) 私たちはこの前の日曜日に，美しい花を見ました。

We （ see ） beautiful flowers last Sunday.
　　　　　　　　　　　　　　　　　............................

2 適切な語を下から選んで，必要があれば正しい形に直して書きなさい。
ただし，与えられた語は1度しか使えない。(10点 × 4)

(1) He .... in the park three days ago.

(2) She .... a nice bag last week.

(3) Jim .... breakfast at seven this morning.
　　　　　　　　　　　　　　　　　今朝

(4) They .... home an hour ago.

〔 make,　leave,　run,　eat 〕

3 次の英文を日本語に直しなさい。(10点 × 2)

(1) I got up early and read a newspaper this morning.
　　　　　　　　　　　　　　新聞
[　　　　　　　　　　　　　　　　　　　　　　　　]

(2) We wrote letters to our teacher yesterday.

[　　　　　　　　　　　　　　　　　　　　　　　　]

3 一般動詞の過去形 ③
Did you study English?

1 次の日本文に合うように，適切な語を書きなさい。(9点×4)

(1) 私は昨日，ピアノを練習しませんでした。

I .... the piano yesterday.

(2) 彼らはその歌を知っていましたか。——はい，知っていました。

.... they .... the song ? —— Yes, they ....

(3) スミス先生は新しいいすに座りませんでした。

Ms. Smith .... on the new chair.

(4) あなたは昨夜，トムに電話しましたか。——いいえ，しませんでした。

.... you .... Tom last night ? —— No, I ....

2 次の日本文に合うように，( )内の語句を並べかえなさい。(12点×2)

(1) エミと私は昨日，泳ぎませんでした。

(Emi,　not,　swim,　did,　and I) yesterday.

.... yesterday.

(2) あなたはこの前の月曜日に，バスで学校に行ったのですか。

(you,　bus,　to,　did,　by,　school,　go) last Monday ?

.... last Monday ?

3 次の英文を( )内の指示に従って書きかえなさい。(20点×2)

(1) Yuta and Sam ran in the park this morning.（否定文に）

....

(2) She cooks lunch <u>on</u> Saturday.（下線部をlastにかえて疑問文に）

....

4 一般動詞の過去形 ④
What did you do yesterday?

1 次の英文を（　）内の指示に従って書きかえるとき，適切な語を書きなさい。(12点 × 3)

(1) We played baseball after school.（下線部をたずねる文に）

.... did you .... after school ?

(2) I heard the news at the station.（下線部をたずねる文に）

.... you .... the news ?
　　　　　　　　　　　　　　　　　　　　　　　　知らせ

(3) Shota went to the museum by bike.（下線部をたずねる文に）

.... Shota .... to the museum ?

2 次の日本文に合うように，（　）内の語句を並べかえなさい。(16点 × 2)

(1) ミクとメアリーはなぜ今朝，公園に行ったのですか。

(and Mary, why, to, Miku, did, go, the park) this morning ?

.... this morning ?

(2) スミス先生はいつ日本に来ましたか。

(Mr. Smith, to, did, when, come) Japan ?

.... Japan ?

3 適切な語を入れて，対話文を完成しなさい。(16点 × 2)

(1) A : .... did you get up this morning ?

　　B : I .... up at six.

(2) A : .... you meet ?

　　B : I met my friend.

(2) B は「私は友だちに会いました。」と答えています。

5 be動詞の過去形 ①

It was hot yesterday.

1 次の英文の（　）内から適切な語を〇で囲みなさい。(10点 × 4)

(1) I (am, was, were) twelve years old last year.

(2) You (are, was, were) late for school two days ago.

(3) Ken (is, was, were) in New York last winter.

(4) My dogs (are, was, were) under the table thirty minutes ago.

2 次の英文を日本語に直しなさい。(10点 × 4)

(1) The students were good at tennis.
　　　　　　　　　～が得意な
[　　　　　　　　　　　　　　　　　　　　　　　　　　　　　　　　　　]

(2) The bookstore was near the station.
　　　　　　書店
[　　　　　　　　　　　　　　　　　　　　　　　　　　　　　　　　　　]

(3) Mayumi and I were in the same class last year.
　　　　　　　　　　　　　　　　　同じ　クラス
[　　　　　　　　　　　　　　　　　　　　　　　　　　　　　　　　　　]

(4) It was cloudy in Osaka yesterday afternoon.
[　　　　　　　　　　　　　　　　　　　　　　　　　　　　　　　　　　]

3 次の英文を（　）内の指示に従って書きかえなさい。(10点 × 2)

(1) You are kind to me.（yesterdayを文末に加えて過去の文に）

....

(2) She was in the library then.（下線部をBob and Iにかえて）

....

主語に合わせたbe動詞にしましょう。

be動詞の過去形 ②
Were you busy this morning?

1 次の英文の（　）内から適切な語を〇で囲みなさい。（7点×4）

(1) （ Are，　Was，　Were ） you free yesterday ?

(2) He （ are，　was，　were ） not there twenty minutes ago.
ひまな

(3) （ Are，　Was，　Were ） your mother a singer ?

　　—— Yes, she （ is，　was，　were ）.

(4) （ Is，　Was，　Were ） it sunny last Sunday ?

　　—— No, it （ are，　was，　were ） not.

2 次の日本文に合うように，適切な語を書きなさい。（9点×4）

(1) そのテストは難しくありませんでした。

　　The test .... difficult.

(2) 私たちはそのとき，空腹ではありませんでした。

　　We .... hungry at that time.

(3) その少年たちは昨日，公園にいましたか。

　　........................ the boys in the park yesterday ?

(4) いいえ，いませんでした。（(3)の答え）

　　No, ...

3 次の英文を（　）内の指示に従って書きかえなさい。（12点×3）

(1) I was with my sister then.（否定文に）

　　..

(2) Was Alice tired yesterday ?（Noで答える）

　　..

(3) Were these books interesting ?（Yesで答える）

　　..

7 be動詞の過去形 ③
Where was he then?

1 次の日本文に合うように，適切な語を書きなさい。(10点 × 3)

(1) あなたは昨日，どこにいましたか。

.... you yesterday?

(2) 書店の前にいた少女はだれでしたか。

.... the girl in front of the bookstore?
　　　　　　　　　　　　　　　　　　　　　　　～の前の

(3) 昨日の天気はどうでしたか。

.... the weather yesterday?

2 適切な語を入れて，対話文を完成しなさい。(11点 × 2)

(1) *A* : .... you then?

　　 B : I was ten years old.

(2) *A* : .... my dog?

　　 B : It was under the chair.

3 次の英文を( )内の指示に従って書きかえなさい。(16点 × 3)

(1) Mary was in Osaka <u>for a month</u>.（下線部をたずねる文に）

....

(2) Those were <u>my watches</u>.（下線部をたずねる文に）

....

(3) His father was in London <u>five years ago</u>.（下線部をたずねる文に）

....

与えられた英文が答えとなるような疑問文を作りましょう。

8 過去進行形 ①
He was cooking in the kitchen.

1 次の日本文に合うように，適切な語を書きなさい。(10点 × 3)

(1) 彼のおじさんは車を洗っているところでした。

His uncle ＿＿＿＿＿＿＿ ＿＿＿＿＿＿＿ his car.

(2) その人たちは木を切っているところでした。

The people ＿＿＿＿＿＿＿ ＿＿＿＿＿＿＿ trees.

(3) 私は図書館に行っているところでした。

I ＿＿＿＿＿＿＿ ＿＿＿＿＿＿＿ to the library.

2 次の英文を日本語に直しなさい。(10点 × 2)

(1) Keiko and her mother were making a cake at that time.

[　　　　　　　　　　　　　　　　　　　　　　　　　　]

(2) My cat was sleeping under the chair then.

[　　　　　　　　　　　　　　　　　　　　　　　　　　]

3 次の文を( )内の動詞を使って，過去進行形の文にしなさい。(10点 × 2)

(1) I ＿＿＿＿＿＿＿ ＿＿＿＿＿＿＿ at that time. (study)

(2) You ＿＿＿＿＿＿＿ ＿＿＿＿＿＿＿ a bath then. (take)

4 次の日本文に合うように，( )内の語句を並べかえなさい。(15点 × 2)

(1) ユキは手紙を書いているところでした。

(was, Yuki, a, writing, letter).

＿＿＿＿＿＿＿＿＿＿＿＿＿＿＿＿＿＿＿＿＿＿＿＿＿＿＿＿＿.

(2) 子どもたちはそのとき，海を泳いでいるところでした。

(swimming, the children, in the sea, were) then.

＿＿＿＿＿＿＿＿＿＿＿＿＿＿＿＿＿＿＿＿＿＿＿ then.

9 過去進行形 ②
Were they enjoying the party?

1 次の日本文に合うように，適切な語を書きなさい。(9点 × 3)

(1) あなたはそのとき，走っていましたか。――はい，走っていました。

.... you .... at that time ? ―― Yes, I ....

(2) メグは友だちとテニスをしていませんでした。

Meg .... tennis with her friends.

(3) あの人たちはバスを待っていましたか。――いいえ，待っていませんでした。

.... those people .... for a bus ?

―― No, ...

2 次の英文を日本語に直しなさい。(14点 × 2)

(1) Were Yumi and Kenji eating lunch together ?

[　　　　　　　　　　　　　　　　　　　　　　　　　　　　　]

(2) The boy wasn't looking for his bag.
　　　　　　　　　 ～を探す

[　　　　　　　　　　　　　　　　　　　　　　　　　　　　　]

3 次の英文を( )内の指示に従って書きかえなさい。(15点 × 3)

(1) I'm not using Tom's bike. （過去進行形の否定文に）

....

(2) Did she take pictures ? （過去進行形の文に）

....

(3) They didn't swim in the sea. （過去進行形の否定文に）

....

10 過去進行形 ③
Where were you playing soccer?

1 次の日本文に合うように，適切な語を書きなさい。(9点 × 3)

(1) あなたはそのとき，何をしていましたか。

What ＿＿＿＿＿＿ you ＿＿＿＿＿＿ then ?

(2) だれがこのコンピュータを使っていましたか。

Who ＿＿＿＿＿＿ ＿＿＿＿＿＿ this computer ?

(3) ケンとアンはどこで勉強していましたか。

Where ＿＿＿＿＿＿ Ken and Ann ＿＿＿＿＿＿ ?

2 適切な語を入れて，対話文を完成しなさい。(14点 × 2)

(1) *A* : What ＿＿＿＿＿＿ you making in the kitchen then ?

　　B : I ＿＿＿＿＿＿ an apple pie.
　　　　　　　　　　　　アップルパイ

(2) *A* : ＿＿＿＿＿＿ ＿＿＿＿＿＿ you reading this book ?

　　B : I was reading it in the library.

3 次の英文を(　)内の指示に従って書きかえなさい。(15点 × 2)

(1) <u>Jim</u> was cleaning the room. (下線部をたずねる文に)

＿＿＿＿＿＿＿＿＿＿＿＿＿＿＿＿＿＿＿＿＿

(2) The student was running <u>in the park</u>. (下線部をたずねる文に)

＿＿＿＿＿＿＿＿＿＿＿＿＿＿＿＿＿＿＿＿＿

4 次の日本文に合うように，(　)内の語を並べかえなさい。(15点)

あなたのお母さんはそのとき，何を探していたのですか。

(your, for, what, looking, mother, was) then ?

＿＿＿＿＿＿＿＿＿＿＿＿＿＿＿＿ then ?

1 次の英文の（　）内の語を，適切な形にかえなさい。(4点×4)

(1) I (see) a strange bird yesterday.　　　　　　　　　............................

(2) Keiko (visit) Hokkaido last winter.　　　　　　　............................
（風変わりな）

(3) We (are) free yesterday afternoon.　　　　　　　............................

(4) Was Hiro (practice) *judo* then ?　　　　　　　　............................

2 次の日本文に合うように，適切な語を書きなさい。(9点×4)

(1) ボブはその知らせを3日前に聞きました。

Bob .... the news three days ....:

(2) あなたは今朝，何時に家を出発しましたか。

What time .... you .... home this morning ?

(3) 彼らは昨日，スタジアムにいましたか。

.... they in the stadium yesterday ?

(4) いいえ，いませんでした。((3)の答え)

..........................., they ....:

3 次の英文を（　）内の指示に従って書きかえなさい。(12点×4)

(1) Emi came to my house last Sunday. （否定文に）

....

(2) I study English in the library. （過去進行形の文に）

....

(3) The woman said something in English. （疑問文に）

....

(4) Your uncle was <u>in London</u> for two years. （下線部をたずねる文に）

....

12 未来を表すbe going to ①
I'm going to buy a computer.

月　　日

合格点 **80点**
得点
点

解答 ➡ P.64

1 次の英文を（ ）内の語句を加えて未来の文に書きかえるとき，適切な語を書きなさい。(12点 × 3)

> be going to は特に，前から予定していたことを言うときに使います。

(1) I study math.（tomorrow）

　　I .... to study math tomorrow.

(2) Koji plays tennis.（next Saturday）

　　Koji .... to .... tennis next Saturday.

(3) We visit Tom.（next week）

　　We .... visit Tom next week.

2 次の日本文に合うように，適切な語を書きなさい。(12点 × 3)

(1) 私は明日，買い物に行く予定です。

　　................................ .... go shopping tomorrow.
　　　　　　　　　　　　　　　　　　　　　買い物に行く

(2) 私の兄は科学者になるつもりです。

　　My brother .... going to .... a scientist.
　　　　　　　　　　　　　　　　　　　　　　　　　　　科学者

(3) 彼らは明日，公園を掃除する予定です。

　　................................ .... to clean the park tomorrow.

3 次の日本文に合うように，（ ）内の語句を並べかえなさい。(14点 × 2)

(1) 試合はまもなく始まるでしょう。

　　(is, the game, going, begin, to) soon.

　　.. soon.

(2) ケンのお兄さんは来月，ひまになるでしょう。

　　(going, is, be, Ken's brother, to, free) next month.

　　.. next month.

1 次の英文を（　）内の指示に従って書きかえなさい。(12点 × 3)

(1) You are going to cook dinner.（疑問文に）

.... you .... to cook dinner ?

(2) She is going to listen to music.（否定文に）

She .... to listen to music.

(3) Miki and Paul are going to play tennis.（疑問文に）

.... Miki and Paul .... to play tennis ?

2 次の日本文に合うように，適切な語を書きなさい。(12点 × 3)

(1) トムは来年，日本に来る予定ですか。

.... Tom .... to come to Japan next year ?

(2) はい，その予定です。((1)の答え)

Yes, ...

(3) 私たちは次の土曜日，パーティーを開く予定はありません。

We're .... have a party next Saturday.

3 適切な語を入れて，対話文を完成しなさい。(14点 × 2)

(1) A : .... you .... to visit Okinawa next summer ?

B : Yes, ... am.

(2) A : .... they going to eat lunch together ?

B : No, ...

14 未来を表すbe going to ③

What is he going to do after school?

1 次の日本文に合うように，適切な語を書きなさい。(9点×3)

(1) あなたは今夜，何をする予定ですか。

.... you going to .... tonight?
　　　　　　　　　　　　　　　　　　　　　　　　　今夜

(2) マイクはいつ日本を出発する予定ですか。

.... Mike .... to leave Japan?

(3) 彼らは明日，だれと会う予定ですか。

.... they going .... meet?

2 次の英文を日本語に，日本文を英語に直しなさい。(14点×2)

(1) Which train are you going to take?
　　　　　　　　　　　　　　乗る
[　　　　　　　　　　　　　　　　　　　　　　　　　　　　　　　　]

(2) ジェーン(Jane)は何になるつもりですか。

....

3 適切な語を入れて，対話文を完成しなさい。(15点×3)

(1) A : .... are the girls going to play tennis?
　　B : In the park.

(2) A : .... are you going to stay in Rome?
　　　　　　　　　　　　　　　　　　　　　　　　　　ローマ
　　B : I'm going to stay there for two weeks.

(3) A : .... is the concert going to start?
　　　　　　　　　　　　　　　　　コンサート
　　B : It .... start at six thirty.

15 未来を表すwill ①
I will be busy tomorrow.

1 次の日本文に合うように，（　）内から適切な語句を〇で囲みなさい。

(1) 私は来週，この本を読むつもりです。　　　　　　　　　　　（12点 × 2）

I（read,　am going,　will read）this book next week.

(2) トムは明日，英語を教えるつもりです。

Tom（teaches,　taught,　will teach）English tomorrow.

2 次の日本文に合うように，適切な語を書きなさい。（12点 × 2）

(1) 彼らはジェーンに親切にするでしょう。

They _____ kind to Jane.

(2)「あなたを駅に連れていくでしょう」と言いかえることができます。

(2) あのバスに乗れば駅に行けます。

That bus _____ you to the station.

3 次の各組の英文がほぼ同じ意味になるように，適切な語を書きなさい。

(1) { Ken is going to play the guitar tomorrow.　　　　　　（12点 × 2）
　　　Ken _____ the guitar tomorrow.

(2) { I'm going to be fourteen next week.
　　　_____ fourteen next week.

4 次の日本文に合うように，（　）内の語を並べかえなさい。（14点 × 2）

(1) あなたはボブからプレゼントを受け取るでしょう。

（get,　a,　you,　from,　present,　will,　Bob）.

_____.

(2) 来年には何もかもうまくいくでしょう。

（right,　will,　be,　everything,　all）next year.

_____ next year.

16 未来を表すwill ②
Will they help you?

1 次の英文を（　）内の指示に従って書きかえるとき，適切な語を書きなさい。(11点×3)

(1) I will help my mother next morning.（否定文に）

I .... help my mother next morning.

(2) You will leave home at nine.（疑問文にしてYesで答える）

.... you .... home at nine ? —— Yes, I ....

(3) Tom doesn't practice the violin.（未来の文に）

Tom .... the violin.

2 次の日本文に合うように，適切な語を書きなさい。(11点×2)

(1) メグは夕食後，この本を読むつもりですか。——いいえ，読まないでしょう。

.... Meg .... this book after dinner ?

—— No, ...

(2) ジュディとポールは今日の夕方，ここにはいないでしょう。

Judy and Paul .... here this evening.

3 次の英文を（　）内の指示に従って書きかえなさい。(15点×3)

(1) Did Jun arrive in Tokyo at eight yesterday ?（下線部をtomorrowにかえて）
　　　　　　　　～に着く

....

(2) It is rainy today.（下線部をnext Sundayにかえて否定文に）

....

(3) We're not going to go shopping this weekend.

（ほぼ同じ意味の文に）

....

17 未来を表すwill ③
What will you do tomorrow?

1 次の日本文に合うように，適切な語を書きなさい。(10点 × 3)

(1) あなたはその店で何を買うつもりですか。

　.......................... .... you buy at that store ?

(2) ユキはいつ自分の部屋を掃除するつもりですか。

　.......................... .... Yuki clean her room ?

(3) あの人たちはどの道を行くつもりですか。

　.......................... way .... those people go ?

2 次の英文を日本語に直しなさい。(14点 × 2)

(1) What time will the baseball game start ?

[　　　　　　　　　　　　　　　　　　　　　　　　　　　]

(2) How will the weather be in Osaka tomorrow ?

[　　　　　　　　　　　　　　　　　　　　　　　　　　　]

3 適切な語を入れて，対話文を完成しなさい。(14点 × 3)

(1) A : .... will Jim run ?
　　B : He .... run in the park.

(2) A : .... you meet at five ?
　　B : I will meet my friends.

(3) A : .... will your child .... next month ?
　　B : She will be three.

まとめテスト ②

1 次の英文の（　）内から適切な語句を○で囲みなさい。(8点×3)

(1) (Are,　Will,　Do) you going to swim next Sunday ?

(2) Yes, (I do,　I am,　I will). ((1)の答え)

(3) Taro (is run,　will run,　runs) in the park tomorrow morning.

2 次の日本文に合うように，適切な語を書きなさい。(10点×4)

(1) 私は将来，医者になるつもりです。

.... to be a doctor in the future.

(2) 明日は晴れるでしょうか。

.... it .... sunny tomorrow ?

(3) いいえ，晴れないでしょう。((2)の答え)

No, ...

(4) その女性は来年，どこを訪れる予定ですか。

.... the woman .... to visit next year ?

3 次の英文を（　）内の指示に従って書きかえなさい。(12点×3)

(1) They're free <u>today</u>. （下線部をnext weekにかえて疑問文に）

....

(2) Ken doesn't listen to music after school. （willを使った未来の文に）

....

(3) She will <u>study English</u> tomorrow afternoon. （下線部をたずねる文に）

....

19 いろいろな助動詞 ①

I must help him now.

1 次の日本文に合うように，（　）内から適切な語句を○で囲みなさい。

(1) 私は毎日，ピアノを弾かなければなりません。　　　　　　　　（9点×4）

I（ must，　have，　can ）play the piano every day.

(2) あなたは今日，学校へ行かなければなりません。

You（ must，　have，　don't have ）to go to school today.

(3) エリカとユミは始発電車に乗る必要はありません。

Erika and Yumi don't（ must，　has，　have ）to take the first train.
　　　　　　　　　　　　　　　　　　　　　　　　　　　始発電車

(4) 私は自分の部屋を掃除しなければなりませんか。

（ Do，　Have，　Must ）I clean my room ?

2 次の日本文に合うように，適切な語を書きなさい。(12点×3)

(1) クミは宿題を終えなければなりません。

Kumi .... finish her homework.

(2) 彼らは電車を乗り換えなければなりませんか。

.... they .... to change trains ?

(3) マイは彼女の重いかばんを運ぶ必要はありません。

Mai .... to carry her heavy bag.
　　　　　　　　　　　　　　　　　　　　重い

3 次の各組の英文がほぼ同じ意味になるように，適切な語を書きなさい。

(1) {
Don't be noisy in the classroom.　　　　　　　　（14点×2）
　　騒がしい
You .... noisy in the classroom.
}

(2) {
Must he work on Saturday ?
.... he .... work on Saturday ?
}

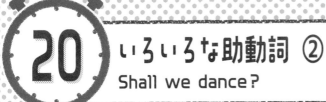

20 いろいろな助動詞 ②
Shall we dance?

月　　日

合格点 **80**点
得点
点

解答 ➡ P.66

1 次の日本文に合うように，（　）内から適切な語を○で囲みなさい。

(1) あなたを手伝いましょうか。——はい，お願いします。　　　　(11点 × 2)

Shall (I, we) help you ? —— Yes, (let's, please).

(2) この音楽に合わせて踊りましょうか。——はい，そうしましょう。

Shall (I, we) dance to this music ? —— Yes, (let's, please).

2 次の日本文に合うように，適切な語を書きなさい。(11点 × 4)

(1) 放課後，バスケットボールをしましょうか。

.... play basketball after school ?

(2) すみませんが，私は今日は忙しいのです。((1)の答え)

...., but I'm busy today.

(3) 泳ぎましょうか。——いいえ，やめておきましょう。

Shall .... swim ? —— No, ...

(4) 私が昼食を料理しましょうか。——いいえ，結構です。

.... I cook lunch ? —— No, ...

3 次の英文を日本語に直しなさい。(11点 × 2)

(1) Shall we make sandwiches for breakfast ?
　　　　　　サンドイッチ

[　　　　　　　　　　　　　　　　　　　　　　　　　　　　　　　]

(2) What shall I do for you ?

[　　　　　　　　　　　　　　　　　　　　　　　　　　　　　　　]

4 次の2つの英文がほぼ同じ意味になるように，適切な語を書きなさい。

{ Let's go to the bookstore.　　　　　　　　　　　　　(12点)

.... go to the bookstore ?

21 いろいろな助動詞 ③
Can I help you?

1 次の日本文に合うように，適切な語を書きなさい。(8点×3)

(1) テレビを見てもいいですか。――はい，いいですよ。

May .... watch TV ? ―― Yes, you ....

(2) 私のかばんを運んでもらえますか。――いいですよ。

.... carry my bag ? ―― All ....

(3) 駅へ行く道を教えていただけますか。

Would .... me the way to the station ?

2 次の英文を日本語に直しなさい。(13点×4)

(1) May I come in ? ―― I'm sorry, you can't.

[　　　　　　　　　　　　　　　　　　　　　　　　　　　　]

(2) Will you tell me about Australia ?

[　　　　　　　　　　　　　　　　　　　　　　　　　　　　]

(3) Can I ask you a question ? ―― Yes, of course.

[　　　　　　　　　　　　　　　　　　　　　　　　　　　　]

(4) Could you open the window ? ―― Sure.

[　　　　　　　　　　　　　　　　　　　　　　　　　　　　]

3 適切な語を入れて，対話文を完成しなさい。(12点×2)

(1) A : Can I call you tonight ?

B : Sorry, you ....

(2) A : .... help me with my homework ?

B : OK.

22 接続詞 ①

Study hard, and you'll pass the test.

月　　日

合格点 80点
得点
点

解答 ➡ P.66

1 適切な語を下から選んで書きなさい。ただし，与えられた語は1度しか使えない。(8点×4)

(1) Ken .... Mike are good friends.

(2) Sally speaks Japanese, ... she cannot read it.

(3) James is kind, ... everyone likes him.

(4) Will you go to Okinawa by ship .... by plane ?
船

〔 but,　and,　or,　so 〕

2 次の日本文に合うように，適切な語を書きなさい。(8点×3)

(1) その少女は部屋に入り，窓を開けました。

The girl entered the room .... opened the window.
入った

(2) 私は今朝早く起きたので，今とても眠い。

I got up early this morning, ... I'm very sleepy now.

(3) 急ぎなさい，そうしないと学校に遅刻しますよ。

Hurry up, ... you'll be late for school.
急ぐ

3 次の英文を日本語に直しなさい。(11点×4)

(1) Which is your bike, this one or that one ?

[　　　　　　　　　　　　　　　　　　　　　　　　　　]

(2) Leave at once, and you will catch the train.
すぐに

[　　　　　　　　　　　　　　　　　　　　　　　　　　]

(3) Study hard, or you won't pass the test.
合格する

[　　　　　　　　　　　　　　　　　　　　　　　　　　]

(4) The children were poor, but they were happy.
貧しい

[　　　　　　　　　　　　　　　　　　　　　　　　　　]

-22-

㉓ 接 続 詞 ②

I lived in New York when I was a child.

1 次の日本文に合うように，（　）内から適切な語句を○で囲みなさい。

(1) ナンシーは大きくなったら看護師になりたいと思っています。　（10点×4）

Nancy wants to be a nurse（ when，　because ）she grows up.
　　　　　　　　　　　　　　　　　　　　　　成長する

(2) トムは忙しかったので，コンサートに行けませんでした。

Tom couldn't go to the concert（ because，　if ）he was busy.

(3) もしお腹がすいていたら，このケーキを食べてもいいです。

You can eat this cake（ that，　if ）you are hungry.

(4) もし明日晴れたら，サッカーをしましょう。

If it（ will be，　is ）sunny tomorrow, let's play soccer.

2 次の英文を日本語に直しなさい。（10点×3）

(1) Jim didn't play tennis because he was sick.

[　　　　　　　　　　　　　　　　　　　　　　　　　　　]

(2) If you turn left, you will see the post office.

[　　　　　　　　　　　　　　　　　　　　　　　　　　　]

(3) Emi met Mr. Brown when she was walking along the street.

[　　　　　　　　　　　　　　　　　　　　　　　　　　　]

3 次の各組の英文がほぼ同じ意味になるように，適切な語を書きなさい。

(1) { My brother came home.　I was writing an e-mail then.　　（10点×3）
　　　............................. my brother came home, I was writing an e-mail.

(2) { It's raining now, so I won't go out.
　　　I won't go out .... it's raining now.

(3) { He can't do his homework without my help.
　　　He can't do his homework .... I don't help him.

24 接続詞 ③

I know (that) Ken is busy.

1 次の英文を日本語に直しなさい。(9点×3)

(1) I think his brother can run fast.

[　　　　　　　　　　　　　　　　　　　　　　　　　　　　　]

(2) Kate hopes she will hear from him.
〜から便りがある

[　　　　　　　　　　　　　　　　　　　　　　　　　　　　　]

(3) We don't think the train will come on time.
時間通りに

[　　　　　　　　　　　　　　　　　　　　　　　　　　　　　]

2 次の日本文に合うように，(　)内の語句を並べかえなさい。(14点×2)

(1) あなたは，マークがカナダ出身だと知っていますか。

(Mark, you, from, is, know, do, Canada)?

....?

(2) 私は，ケンタとジロウは兄弟ではないと思います。

I (think, and Jiro, don't, brothers, are, Kenta).

....

3 次の英文を例にならって，(　)内の指示に従って書きかえなさい。

例 Tom is very kind. (「私は〜だと知っています。」という文に)　　(15点×3)

I know that Tom is very kind.

(1) His sister is sick. (「彼は〜と言いました。」という文に)

....

(2) Mary knows you. (「私は〜と思いません。」という文に)

....

(3) The man is very kind. (「彼らは〜と思いました。」という文に)

....

25 前置詞

My eraser is on the desk.

1 次の英文の（　）内から適切な語を〇で囲みなさい。(8点×4)

(1) I got up (on, at, in) six thirty this morning.

(2) The hat (on, of, over) the wall is my father's.

(3) Hiroshi left Japan (to, for, from) Australia.

(4) What are you going to do (during, to, for) the summer vacation ?

2 次の日本文に合うように，適切な語を書きなさい。(12点×3)

(1) 私の弟はジョンとトムの間にいます。

My brother is ＿＿＿＿＿ John ＿＿＿＿＿ Tom.

(2) ユキは7時から9時までテレビを見ました。

Yuki watched TV ＿＿＿＿＿ seven ＿＿＿＿＿ nine.

(3) 放課後，私はアヤといっしょに教室で英語を勉強しました。

I studied English ＿＿＿＿＿ Aya ＿＿＿＿＿ the classroom ＿＿＿＿＿ school.

3 適切な語を下から選んで書きなさい。ただし，与えられた語は1度しか使えない。(8点×4)

(1) The library is ＿＿＿＿＿ my house.

(2) He was born ＿＿＿＿＿ September 20.
生まれた

(2) September 20 は特定の日にちです。

(3) Did you go there ＿＿＿＿＿ train ?

(4) It rains a lot ＿＿＿＿＿ June.

〔 by, in, on, near 〕

26 まとめテスト ③

1 次の英文の（　）内から適切な語を〇で囲みなさい。(9点×5)

(1) John practiced hard, (so, but, or) he didn't win the soccer game.

(2) (Can, Will, Would) I close the window? —— Sure.

(3) Alice was late for class (and, if, because) she got up at eight.

(4) Hurry up, (or, and, but) you can't catch the bus.

(5) When do you study Japanese? —— (In, At, On) Monday.

2 次の日本文に合うように，適切な語を書きなさい。(9点×3)

(1) ボブはその質問に答える必要はありません。

Bob ………………… ………………… to answer the question.

(2) もし明日晴れたら，公園を歩きましょうか。——はい，そうしましょう。

Shall ………………… walk in the park ………………… ………………… sunny

tomorrow? —— Yes, ………………….

(3) 夕食前にお菓子を食べ過ぎてはいけません。

You ………………… eat too many snacks ………………… dinner.
お菓子

3 次の日本文に合うように，（　）内の語句を並べかえなさい。(14点×2)

(1) 私は，彼が子どものころニューヨークに住んでいたことを知っています。

I (he, know, in, when, lived, New York) he was a child.

I ……………………………………………………………………………… he was a child.

(2) 10時に私に電話してくださいませんか。

(you, ten, me, could, at, call)?

………………………………………………………………………………?

27 There is(are) 〜. ①
There is a pretty bag on the table.

1 次の_____に is か are を入れ,完成した英文を日本語に直しなさい。(12点 × 2)

(1) There .... an apple in the basket.
かご

[　　　　　　　　　　　　　　　　　　　　　　　　　　　]

(2) There .... twenty-eight days in February.

[　　　　　　　　　　　　　　　　　　　　　　　　　　　]

2 次の日本文に合うように,適切な語を書きなさい。(12点 × 2)

(1) テーブルの下に犬がいます。

There .... a dog .... the table.

(2) 壁に絵が2枚かかっています。

.... are two pictures .... the wall.

3 次の各組の英文がほぼ同じ意味になるように,適切な語を書きなさい。

(1) { My town has a library.　　　　　　　　　　(14点 × 2)
.... a library .... my town.

(2) { One week has seven days.
.... seven days .... a week.

4 次の日本文に合うように,( )内の語を並べかえなさい。(12点 × 2)

(1) 駅の近くに花屋があります。

(shop, is, there, flower, near, a) the station.

.... the station.

(2) 私のクラスには40人の生徒がいます。

(are, in, students, forty, there) my class.

.... my class.

28 There is〔are〕 ~. ②
Are there any dogs in the park?

1 次の日本文に合うように，適切な語を書きなさい。(8点 × 3)

(1) この近くにレストランはありますか。

　............................... .... a restaurant near here ?

(2) 教室に何人か少女はいますか。

　............................... there .... girls in the classroom ?

(3) ステージにはミュージシャンが1人もいません。

There .... musicians on the stage.
　　　　　　　　　　　　　　　　　　　　　　　ステージ

2 適切な語を入れて，対話文を完成しなさい。(10点 × 2)

(1) A : Was there a camera on Jim's desk ?

　　B : Yes, ...

(2) A : .... dogs were there in the park ?

　　B : There .... about ten dogs.

3 次の英文を(　)内の指示に従って書きかえなさい。(14点 × 4)

(1) There is a big bird in the sky.（過去の文に）

　...

(2) Is there a car over there ?（Noで答える）

　...

(3) There are two pictures on the wall.（下線部をたずねる文に）

　...

(4) There are some balls in the basket.（否定文に）

　...

29 付加疑問文・感嘆文
You are a student, aren't you?

1 次の英文の（　）内から適切な語を〇で囲みなさい。(9点×4)

(1) These boys are famous singers,（ is,　aren't,　are ）they ?

(2) You don't go to school by bus,（ do,　doesn't,　don't ）you ?

(3) Fred enjoyed the soccer game,（ did,　doesn't,　didn't ）he ?

(4) Your sister can't swim fast,（ can't,　can,　does ）she ?

2 次の日本文に合うように，適切な語を書きなさい。(10点×3)

(1) あなたのお母さんは料理が上手ですよね。

　Your mother cooks well, ... ?

(2) あなたは昨年，パリにいましたよね。

　You were in Paris last year, ... ?

(3) トモヤはジュディに電話をしませんでしたよね。

　Tomoya didn't call Judy, ... ?

3 次の英文を日本語に直しなさい。(11点×2)

(1) What an interesting movie this is !

　[　　　　　　　　　　　　　　　　　　　]

(2) How difficult the test was !

　[　　　　　　　　　　　　　　　　　　　]

4 次の日本文に合うように，（　）内の語を並べかえなさい。(12点)
彼はなんて速く英語を話すのでしょう。

（ he,　fast,　English,　how,　speaks ）!

.... !

30 いろいろな文構造 ①
You look happy today.

1 次の日本文に合うように，適切な語を書きなさい。(11点 × 3)

(1) 私の父は若く見えます。

My father ....

(2) 私はこれらの本を読むとき，幸せを感じます。

I .... when I read these books.

(3) 私の姉はプロのテニスの選手になりました。

My sister .... a professional tennis ....
　　　　　　　　　　　　　　プロの

2 次の英文を日本語に，日本文を英語に直しなさい。(13点 × 3)

(1) Please don't get angry.

[　　　　　　　　　　　　　　　　　　　　　　　　　]

(2) あなたの計画はよさそうに聞こえます。

....

(3) Why do those children look sad today ?

[　　　　　　　　　　　　　　　　　　　　　　　　　]

3 次の日本文に合うように，( )内の語を並べかえなさい。(14点 × 2)

(1) あなたは，彼がよい作家になると思いますか。

Do you think (good, he, a, will, writer, become)?
　　　　　　　　　　　　　　　　　　　作家
Do you think .... ?

(2) 冬は暗くなるのが早い。(dark, in, gets, early, it) winter.

.... winter.

31 いろいろな文構造 ②

My mother gave me this hat.

月　　日

合格点 **80**点

得点

点

解答 ➡ P.69

---

1 次の日本文に合うように，適切な語を書きなさい。(11点 × 3)

(1) タケシは彼女にいくつか質問をしました。

Takeshi .... some questions.

(2) 銀行へ行く道を教えてください。

Please .... the way to the bank.
銀行

(3) あなたはいつ彼らに手紙を送りましたか。

When did you .... a letter ?

---

2 次の各組の英文がほぼ同じ意味になるように，適切な語を書きなさい。

(11点 × 2)

(1) { Ms. Smith teaches us English.

{ Ms. Smith teaches English ....

(2) { My grandmother bought me a new computer.

{ My grandmother bought a new computer ....

---

3 次の日本文に合うように，( )内の語句を並べかえなさい。(15点 × 3)

(1) あなたに私の家族の写真を見せましょう。

(show, of, a picture, you, I'll, my family).

....

(2) メグは彼にプレゼントをあげるつもりですか。

(a present, going, Meg, to, him, is, give)?

.... ?

(3) あなたの鉛筆を私に貸していただけますか。

(your, me, you, pencils, lend, will)?
貸す

.... ?

-31-

32 いろいろな文構造 ③
We call him Ken.

合格点 **80** 点
得 点
　　　　点
解答 ➡ P.69

1 次の各組の英文を，下線部の意味の違いに注意して日本語に直しなさい。

(1) ① Emi <u>made</u> this cake.　　　　　　　　　　　　　　　(8点 × 4)

[　　　　　　　　　　　　　　　　　　　　　　]

② Emi <u>made</u> us happy.

[　　　　　　　　　　　　　　　　　　　　　　]

(2) ① I <u>called</u> my grandfather last night.

[　　　　　　　　　　　　　　　　　　　　　　]

② They <u>call</u> their dog Shiro.

[　　　　　　　　　　　　　　　　　　　　　　]

2 次の英文中に（　）内の語句を入れるとき，どこが適切か。記号を○で囲みなさい。(8点 × 3)

(1) Please　call　Tomo　.　（me）
　　　　　 ア　　　イ　　　 ウ

(2) We　named　Mary　.　（our baby）
　　 ア　　　　 イ　　　ウ

(3) My father　made　me　.　（a scientist）
　　　　　　　ア　　　 イ　 ウ

3 次の英文の（　）内の語句を並べかえなさい。(11点 × 4)

(1) The news（ sad,　will,　them,　make ）.

The news ....

(2) May（ you,　I,　call,　Jun ）?

May .... ?

(3) Mr. Brown（ the,　calls,　student,　Ann ）.

Mr. Brown ....

(4) Will you（ cat,　name,　Tama,　the ）?

Will you .... ?

33 まとめテスト ④

1 適切な語を下から選んで，必要ならば形をかえて書きなさい。(10点×3)

(1) Let's go swimming. —— That .... exciting.

(2) Tom .... me a nice present yesterday.

(3) You were not there yesterday, ... you ?

〔 are, look, sound, make, give 〕

2 次の日本文に合うように，適切な語を書きなさい。(10点×3)

(1) その少年は疲れているようですね。

The boy .... tired, ... he ?

(2) 彼女の歌はいつも私を幸せにします。

Her song always .... happy.

(3) 教室に生徒は1人もいませんでした。

.... no students in the classroom.

3 次の日本文に合うように，（　）内の語を並べかえなさい。(10点)

これはなんて美しい夕焼けなんでしょう。

(sunset, is, beautiful, a, this, what)!
夕焼け

.... !

4 次の英文を（　）内の指示に従って書きかえるとき，適切な語を書きなさい。(10点×3)

(1) Our city has a large park. （ほぼ同じ意味を表す文に）

.... a large park in our city.

(2) Ms. White is our music teacher. （ほぼ同じ意味を表す文に）

Ms. White .... music.

(3) You call this flower _sumire_. （下線部をたずねる文に）

.... do you .... this flower ?

34 不定詞 ①

I like to play soccer.

1 次の英文を例にならって「〜したい」という意味を表す文に書きかえなさい。

例 I play soccer. → I want to play soccer. （10点 × 3）

(1) You visit India. → You ＿＿＿＿＿＿＿＿＿＿＿ India.
　　　　インド

(2) We watch TV. → We ＿＿＿＿＿＿＿＿＿＿＿ TV.

(3) Alice studies Japanese. → Alice ＿＿＿＿＿＿＿＿＿＿＿ Japanese.

2 次の日本文に合うように，適切な語を書きなさい。（11点 × 3）

(1) 百聞は一見にしかず。

＿＿＿＿＿＿＿ ＿＿＿＿＿＿ is ＿＿＿＿＿＿ believe.

(2) 私は一生懸命勉強しようと努めています。

I try ＿＿＿＿＿＿＿＿＿＿＿ hard.

(1) 直訳すると「見ることは信じることです。」という意味になります。

(3) あなたは将来何になりたいのですか。

What do you want ＿＿＿＿＿＿＿＿＿＿＿ in the future ?

3 次の英文を日本語に直しなさい。（13点 × 2）

(1) They need to clean the classroom.

[　　　　　　　　　　　　　　　　　]

(2) To learn foreign languages is important.
　　　　　　外国の
[　　　　　　　　　　　　　　　　　]

4 次の日本文に合うように，（　）内の語句を並べかえなさい。（11点）

その少年は電車の中で泣き始めました。

(began, cry, in, the boy, to, the train).

＿＿＿＿＿＿＿＿＿＿＿＿＿＿＿＿＿＿＿＿＿.

35 不 定 詞 ②

It's time to leave home.

1 例にならって「～するための…」という意味を表す語句を書きなさい。

(10点 × 2)

例 (eat / something)　　「何か食べるもの」 → something to eat

(1) (write / e-mails)「書くべき電子メール」 → ....

(2) (do / things)　　　　「すべきこと」 → ....

2 次の日本文に合うように，適切な語を書きなさい。(10点 × 3)

(1) 私にはテレビを見る時間がありません。

I have no time .... TV.

(2) 私の兄はあなたに見せる写真を何枚か持っています。

My brother has some pictures .... you.

(3) テーブルの上に食べるものは何もありませんでした。

There was nothing .... on the table.

3 次の英文を日本語に直しなさい。(13点 × 2)

(1) There are many places to visit in London.

[　　　　　　　　　　　　　　　　　　　　　　　　　　　　　]

(2) I want something hot to drink.

[　　　　　　　　　　　　　　　　　　　　　　　　　　　　　]

4 次の日本文に合うように，( )内の語句を並べかえなさい。(12点 × 2)

(1) 私はその服を買うお金がありませんでした。

(had, I, money, no, buy, to, the clothes).

....

(2) あなたは電車の中で読む本を持っていますか。

(you, do, read, have, to, a book) in the train ?

.... in the train ?

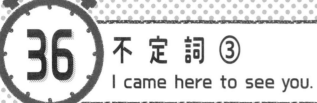

月　　　日

合格点 **80** 点

得 点

点

解答 ➡ P.70

1 次の日本文に合うように，適切な語を書きなさい。(10点×4)

(1) エミは英語を勉強するためにアメリカに行きました。

　　Emi went to America _____ _____ English.

(2) 私はそのことについて話すためにボブに電話するつもりです。

　　I will call Bob _____ _____ _____ it.

(3) 私はあなたに会えてとても幸せです。

　　I'm very happy _____ _____ you.

(4) メアリーはあなたから電子メールをもらって喜んでいました。

　　Mary was glad _____ _____ an e-mail from you.

2 次の英文を日本語に直しなさい。(10点×3)

(1) Why did you come here so early ? —— To read today's newspaper.

　　[　　　　　　　　　　　　　　　　　　　　　　　　　　　　　　　]

(2) We're sorry to hear the sad news.

　　[　　　　　　　　　　　　　　　　　　　　　　　　　　　　　　　]

(3) I was surprised to meet her at the airport.
　　　　　　　　　　　　　　　　　　　空港

　　[　　　　　　　　　　　　　　　　　　　　　　　　　　　　　　　]

3 次の日本文を(　)内の語句を使って英語に直しなさい。(10点×3)

(1) 私は料理するために台所に行きました。(cook,　the kitchen)

　　..

(2) 彼はその貧しい子どもたちを救うために働きました。(poor,　save)
　　　　　　　　　　　　　　　　　　　　　　　　　　　　　　　～を救う

　　..

(3) 私は私のノートをなくして悲しいです。(my notebook,　lose)
　　　　　　　　　　　　　　　　　　　　　　　　　　　　　～を失う

　　..

37 動名詞 ①
I like dancing and singing.

1 次の英文の(　)内の語を適切な形(1語)にかえて，完成した英文を日本語に直しなさい。(14点×3)

(1) I love (play) the piano.

[　　　　　　　　　　　　　　　　　　　　　　　]

(2) My sister enjoyed (take) pictures.

[　　　　　　　　　　　　　　　　　　　　　　　]

(3) My hobby is (paint) pictures.
　　　　趣味

[　　　　　　　　　　　　　　　　　　　　　　　]

2 次の日本文に合うように，適切な語を書きなさい。(10点×3)

(1) タロウは昨夜，9時に勉強を始めました。

Taro ....　.............................. at nine last night.

(2) 早起きすることは私には難しい。

....　.............................. early is difficult for me.

(3) 日本語を書くことはトムには簡単ではありません。

....　Japanese .... easy for Tom.

3 次の日本文に合うように，(　)内の語を並べかえなさい。(14点×2)

(1) 彼らは毎日，歌を歌う練習をします。

(songs, practice, they, singing) every day.

.... every day.

(2) 宿題をすることは私たちにとって大切です。

(for, homework, is, doing, important, us).

....

38 動名詞 ②
Did you finish writing a letter?

1 次の日本文に合うように，適切な語を書きなさい。(10点 × 3)

(1) 公園で昼食を食べるのはどうですか。

.... about .... lunch in the park ?

(2) ケンのお兄さんは泳ぐのが得意です。

Ken's brother is good ....

(3) 寝る前にお風呂に入りなさい。

Take a bath .... to bed.

2 次の英文の(　)内の語を適切な形にかえて，完成した英文を日本語に直しなさい。(11点 × 4)

(1) I finished (write) a report late at night.

[　　　　　　　　　　　　　　　　　　　　　　]

(2) Lucy stopped (walk) and looked at the map.

[　　　　　　　　　　　　　　　　　　　　　　]

(3) I'm looking forward to (see) you tomorrow.
　　　　　　 ～を楽しみにする

[　　　　　　　　　　　　　　　　　　　　　　]

(4) What will you do after (watch) TV ?

[　　　　　　　　　　　　　　　　　　　　　　]

3 次の日本文を動名詞を使って英語に直しなさい。(13点 × 2)

(1) 私を手伝ってくれてどうもありがとう。

....

(2) 彼はこの前の土曜日，ドライブを楽しみました。

....

39 動 名 詞 ③
I tried opening the door.

1 次の英文の( )内から適切な語句を〇で囲みなさい。(8点×3)

(1) Tom enjoys (to make,　making) robots.

(2) I hope (to see,　seeing) you next summer.
ロボット

(3) Susan will finish (to cook,　cooking) soon.

2 次の各組の英文がほぼ同じ意味になるように，適切な語を書きなさい。

(1) ⎰ It began to rain yesterday evening.　　　　　　　　　(8点×2)
　　⎱ It began .... yesterday evening.

(2) ⎰ I like to dance. It's interesting.
　　⎱ .... is interesting to me.

3 次の各組の英文を，意味の違いに注意して日本語に直しなさい。(12点×4)

(1) ① The girls stopped talking.

[　　　　　　　　　　　　　　　　　　　　　　]

② The girls stopped to talk.

[　　　　　　　　　　　　　　　　　　　　　　]

(2) ① I forgot sending the letter.

[　　　　　　　　　　　　　　　　　　　　　　]

② Don't forget to send the letter.

[　　　　　　　　　　　　　　　　　　　　　　]

4 次の日本文に合うように，( )内の語句を並べかえなさい。(12点)

私はあなたといっしょにその映画を見たことを覚えています。

I (with,　watching,　remember,　you,　the movie).

I ....

40 まとめテスト ⑤

1 次の英文の( )内から適切な語句を○で囲みなさい。(4点×7)

(1) I was glad (to read,　reading) the letter.

(2) Kumi is good at (to speak,　speaking) Chinese.

(3) I have no time (calling,　to call) my grandmother.

(4) They finished (cleaning,　to clean) the room.

2 次の日本文に合うように，適切な語を書きなさい。(11点×3)

(1) 私たちは新しいレストランに行くのを楽しみにしています。

We're looking forward ＿＿＿＿＿＿ ＿＿＿＿＿＿ to the new restaurant.

(2) 食べすぎは健康によくありません。

＿＿＿＿＿＿ ＿＿＿＿＿＿ too much isn't good for your health.

(3) 私の夢は，将来弁護士になることです。

My dream is ＿＿＿＿＿＿ ＿＿＿＿＿＿ a lawyer in the future.
弁護士

3 次の日本文に合うように，( )内の語句を並べかえなさい。(13点×3)

(1) 話すのをやめて，私の話を聞きなさい。

(and listen,　me,　talking,　to,　stop).

＿＿＿＿＿＿＿＿＿＿＿＿＿＿＿＿＿＿＿＿＿＿＿＿＿.

(2) とても暑かったので，彼は何か冷たい飲み物をほしがりました。

It was so hot, so (cold,　drink,　wanted,　something,　he,　to).

It was so hot, so ＿＿＿＿＿＿＿＿＿＿＿＿＿＿＿＿＿＿＿.

(3) 私は本を何冊か借りるために図書館に行きたいです。

(go,　borrow,　want,　I,　to,　to,　to,　the library) some books.

＿＿＿＿＿＿＿＿＿＿＿＿＿＿＿＿＿＿＿ some books.

41 比 較 ①

My bag is bigger than yours.

1 次の英文の（　）内の語を，適切な形にかえなさい。(8点×5)

(1) Tom is （ young ） than Andy.

....

(2) This ruler is the （ long ） of the three.

....

(3) Sally runs the （ fast ） in her softball team.
定規

....

(4) This question is （ easy ） than that one.

....

(5) I have （ many ） CDs than Judy.

....

2 次の日本文に合うように，適切な語を書きなさい。(10点×4)

(1) この建物は私の家よりずっと古い。

This building is .... than my house.

(2) 今日は昨日よりも少し暑い。

It is .... today than yesterday.

(3) 彼女は5人の中でいちばん背が高い少女です。

She is the .... girl .... the five.

(4) ケンは彼のクラスでいちばん一生懸命勉強します。

Ken studies the .... his class.

3 次の日本文に合うように，（　）内の語句を並べかえなさい。(10点×2)

(1) 私はたいてい兄よりも早く起きます。

（ usually,　than,　up,　earlier,　I,　get,　my brother ）.

....

(2) 大阪は日本で最も大きな都市の1つです。

Osaka （ of,　the,　cities,　is,　one,　largest ） in Japan.

Osaka .... in Japan.

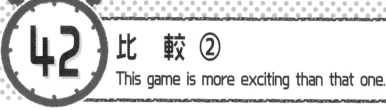

42 比 較 ②

This game is more exciting than that one.

1 次の英文の（　）内から適切な語を〇で囲みなさい。(10点 × 2)

(1) This camera is (more,　most) useful than that one.

(2) This is the (more,　most) beautiful flower of all in this shop.

2 次の日本文に合うように，適切な語を書きなさい。(10点 × 3)

(1) この問題はあの問題よりも重要ですか。

Is this problem .... than that one ?

(2) エミはクラスでいちばんゆっくり話します。

Emi speaks the .... her class.

(3) この質問はすべての中でいちばん難しい。

This question is the .... all.

3 次の英文を日本語に直しなさい。(13点 × 2)

(1) He is the most famous writer in Japan.

[　　　　　　　　　　　　　　　　　　　　　　　　　　　　　]

(2) My racket is more expensive than Emily's.

[　　　　　　　　　　　　　　　　　　　　　　　　　　　　　]

4 次の日本文に合うように，（　）内の語を並べかえなさい。(12点 × 2)

(1) この本はあの本よりもずっとおもしろい。

This book (interesting,　is,　more,　than,　much) that one.

This book .... that one.

(2) このコンピュータはその店でいちばん人気があった。

This (was,　the,　popular,　most,　computer) in the store.

This .... in the store.

43 比 較 ③

Dolphins aren't as big as whales.

1 次の英文の（　）内から適切な語を〇で囲みなさい。(6点 × 3)

(1) This temple is (as,　more,　most) famous as Todaiji.
東大寺

(2) This stone is as (heavy,　heavier,　heaviest) as that one.
石

(3) Emi got up as early (than,　as) my mother.

2 次の日本文に合うように，適切な語を書きなさい。(8点 × 3)

(1) ここではコアラはパンダと同じくらい人気があります。

Koalas are ＿＿＿＿＿＿＿＿＿＿＿＿ ＿＿＿＿＿＿ pandas here.

(2) 私の父はブラウン先生ほど長身ではありません。

My father is ＿＿＿＿＿＿＿＿＿＿ ＿＿＿＿＿＿ as Mr. Brown.

(3) ジェニーはマイクと同じくらい上手に日本語を話します。

Jenny speaks Japanese ＿＿＿＿＿＿＿＿＿＿＿＿＿＿＿ Mike.

3 次の各組の英文がほぼ同じ意味になるように，適切な語を書きなさい。

(1) {
I am not as old as Tom.
I am ＿＿＿＿＿＿＿ ＿＿＿＿＿＿ Tom.
}

(10点 × 3)

(2) {
This question is not as easy as that one.
That question is ＿＿＿＿＿＿ ＿＿＿＿＿＿ this one.
}

「〜ほど…ない」を「〜より…」に
言いかえましょう。

(3) {
Jim is taller than you.
You are ＿＿＿＿＿ ＿＿＿＿＿ tall as Jim.
}

4 次の英文を日本語に直しなさい。(14点 × 2)

(1) My house is not as large as yours.

[　　　　　　　　　　　　　　　　　　　　　　　　]

(2) I think that baseball is as interesting as soccer.

[　　　　　　　　　　　　　　　　　　　　　　　　]

44 比　較 ④
I like coffee better than tea.

1 次の英文の（　）内から適切な語句を〇で囲みなさい。(9点 × 3)

(1) Your dictionary is (good,　better,　best) than mine.

(2) What is (longer,　the longest) river in the world ?

(3) Tom is the (good,　better,　best) tennis player in his school.

2 次の日本文に合うように，適切な語を書きなさい。(9点 × 3)

(1) あなたは私よりも上手にコンピュータを使います。

You use computers .... I.

(2) 私はすべての季節の中で夏がいちばん好きです。

I like summer .... all seasons.

(3) これが駅へ行くいちばんいい方法です。

This is .... way to go to the station.

3 次の英文を日本語に，日本文を英語に直しなさい。(12点 × 2)

(1) Who is older, your brother or Jim ?

[　　　　　　　　　　　　　　　　　　　　　　　　　　　　　]

(2) ケンは彼の家族の中でいちばん上手に英語を話します。

....

4 適切な語を入れて，対話文を完成しなさい。(11点 × 2)

(1) A : .... do you ...., math or English ?

B : I like English .... than math.

(2) A : .... is bigger, your cat .... Mary's ?

B : Mine ....

合格点 **80** 点

得点

点

解答 ➡ P.73

1 次の日本文に合うように，適切な語を書きなさい。(10点 × 4)

(1) 富士山は日本でいちばん高い山です。

Mt. Fuji is .... mountain in Japan.

(2) クミはあなたと同じくらい早く学校へ行きます。

Kumi goes to school .... as you.

(3) ケンは彼のお兄さんよりも上手に英語を話します。

Ken speaks English .... his brother.

(4) 1年でいちばん寒いのはどの月ですか。

.... month is the .... in a year ?

2 次の各組の英文がほぼ同じ意味になるように，適切な語を書きなさい。

(1) {
This book is cheaper than that one.　(10点 × 2)
That book is .... expensive .... this one.
}

(2) {
Emi is younger than your sister.
Your sister .... young as Emi.
}

3 適切な語を入れて，対話文を完成しなさい。(10点 × 4)

(1) A : Is your dictionary bigger than hers ?

B : No. My dictionary is much .... than ....

(2) A : .... is more interesting, baseball .... tennis ?

B : I think tennis is more interesting.

(3) A : What subject do you .... the .... ?

B : I like English the best .... all.

(4) A : Who swims the fastest .... your school ?

B : Mike ....

受け身の文 ①
Ken is loved by his friends.

合格点 **80**点
得　点
点
解答 ➡ P.73

1 次の動詞の過去分詞を書きなさい。(5点×6)

(1) know .... (2) make ....

(3) teach .... (4) read ....

(5) give .... (6) take ....

2 次の英文の(　)内から適切な語句を〇で囲みなさい。(8点×3)

(1) Japanese is (study,　studying,　studied) by many people in my country.

(2) Hamburgers are (eaten,　eat,　ate) by a lot of young people.

(3) Many trees (are cutting,　are cut,　cut) down in the forest.
森

3 次の日本文に合うように，適切な語を書きなさい。(8点×3)

(1) メキシコではスペイン語が話されます。

Spanish .... in Mexico.
メキシコ

(2) これらの手紙は英語で書かれています。

These letters .... in English.

(3) この窓は私の弟によって開けられます。

This window .... my little brother.

4 次の日本文に合うように，(　)内の語を並べかえなさい。(11点×2)

(1) この市では多くの高い建物が見られます。

Many (seen,　tall,　this,　in,　are,　buildings,　city).

Many ....

(2) 京都は毎年，たくさんの人々に訪れられます。

(many,　by,　visited,　Kyoto,　is,　people) every year.

.... every year.

47 受け身の文 ②
This car was washed by my father.

1 次の日本文に合うように，適切な語を書きなさい。(8点×3)

(1) この机は父に使われていました。

This desk .... by my father.

(2) これらのかばんは日本で作られました。

These bags .... in Japan.

(3) 私はミカの誕生日パーティーに招待されました。

.... to Mika's birthday party.

2 次の英文を（　）内の指示に従って書きかえなさい。(14点×4)

(1) Math and science are taught by Mr. Suzuki. (過去の文に)

....

(2) She wrote this book. (受け身の文に)

....

(3) They spoke Spanish in the Philippines. (受け身の文に)
　　　　　　　　　　フィリピン

....

(4) Dinner is cooked by him every day. (下線部を last Saturday にかえて)

....

3 次の各組の英文がほぼ同じ意味になるように，適切な語を書きなさい。

(1) We saw many stars last night.　　　　　　　　　(10点×2)

　　 Many stars .... last night.

(2) Rina took this picture yesterday.

　　 This picture .... Rina yesterday.

48 受け身の文 ③
Was breakfast cooked by Jane?

1 次の日本文に合うように，適切な語を書きなさい。(11点 × 4)

(1) この小説は子どもたちに読まれていますか。

.... this novel .... by children ?

(2) 彼らの名前は日本では知られていません。

Their names .... in Japan.

(3) これらのカップはケンジによって壊されましたか。

.... these cups .... by Kenji ?

(4) その部屋は昨日，掃除されませんでした。

The room .... yesterday.

2 適切な語を入れて，対話文を完成しなさい。(10点 × 2)

(1) A : Was this building built by the man ?

　 B : Yes, ...

(2) A : Are these letters written in English ?

　 B : No, ...

3 次の各組の英文がほぼ同じ意味になるように，適切な語を書きなさい。

(1) { Do we see this animal in the zoo ?　　　　　　　(12点 × 3)

　　 .... this animal .... in the zoo ?

(2) { Does Kumi buy notebooks every month ?

　　 .... notebooks .... by .... every month ?

(3) { She didn't bring flowers.

　　 Flowers .... by ....

-48-

49 受け身の文 ④
When was your school built?

月　　日

合格点 **80**点
得点
点
解答 ➡ P.74

1 次の日本文に合うように，適切な語を書きなさい。(10点×3)

(1) その言語はどこで話されているのですか。

.... the language .... ?

(2) この写真はマイクによっていつ撮られましたか。

.... this picture .... Mike ?

(3) なぜあれらの箱はこの部屋に運ばれたのですか。

.... those boxes .... to this room ?

2 次の日本文に合うように，( )内の語を並べかえなさい。(14点×3)

(1) あなたは友だちに何と呼ばれているのですか。

(you, called, what, by, are) your friends ?

.... your friends ?

(2) あれらの門は何時に開けられますか。

(opened, gates, time, are, those, what)?

.... ?

(3) このいすはどのようにして作られたのですか。

(was, this, how, made, chair)?

.... ?

3 次の英文を( )内の指示に従って書きかえなさい。(14点×2)

(1) <u>Fifty</u> people were invited to the party. (下線部をたずねる文に)

....

(2) This computer is used by Koji <u>after dinner</u>. (下線部をたずねる文に)

....

50 受け身の文 ⑤
I'm interested in studying French.

1 次の日本文に合うように，適切な語を書きなさい。(11点 × 3)

(1) 彼の名前は多くの人に知られています。

His name is _____ _____ many people.

(2) 私たちはその知らせに驚きました。

We _____ _____ _____ the news.

(3) バターは牛乳から作られています。

Butter _____ milk.
バター

2 次の日本文に合うように，( )内の語句を並べかえなさい。(13点 × 3)

(1) その赤ちゃんはケイトによって世話されています。

(of, is, by, taken, the baby, Kate, care).

_____.

(2) 地面は雪で覆われていました。

(snow, with, was, the ground, covered).
　　　雪

_____.

(3) コウタは通りでその女の子に話しかけられました。

(spoken, by, Kota, the girl, was, to) on the street.

_____ on the street.

3 次の英文を日本語に，日本文を英語に直しなさい。(14点 × 2)

(1) These bags are made of paper.
　　　　　　　　　　　　　　紙

[　　　　　　　　　　　　　　　　　　　　　　　　　　]

(2) あなたは何に興味がありますか。

_____

1 次の日本文に合うように，適切な語を書きなさい。(8点×3)

(1) その店ではたくさんのCDが売られています。

Many CDs ＿＿＿＿＿＿＿＿＿ at the shop.

(2) 私はケンの誕生日パーティーに招待されました。

I ＿＿＿＿＿＿＿＿＿ to Ken's birthday party.

(3) その動物は英語で何と呼ばれていますか。

＿＿＿＿＿＿＿＿＿ the animal ＿＿＿＿＿ in English ?

2 次の英文を( )内の指示に従って書きかえるとき，適切な語を書きなさい。(13点×4)

(1) He gave me this present. (受け身の文に)

This present ＿＿＿＿＿＿＿＿ to me ＿＿＿＿ him.

(2) When did she write this e-mail ? (受け身の文に)

When ＿＿＿＿ this e-mail ＿＿＿ by ＿＿＿＿ ?

(3) That library is used by many people. (疑問文に)

＿＿＿＿ that library ＿＿＿＿ by many people ?

(4) These boxes are made of wood. (否定文に)

These boxes ＿＿＿＿＿＿＿＿＿ of wood.

3 次の英文を日本語に直しなさい。(12点×2)

(1) This dog is taken care of by Kumi.

[　　　　　　　　　　　　　　　　　　　　　　　　]

(2) Is he interested in Japanese history ?

[　　　　　　　　　　　　　　　　　　　　　　　　]

－51－

52 現在完了 ①

I have lived here for many years.

月　　　日

合格点 **80** 点

得 点

点

解答 ➡ P.75

1 次の日本文に合うように，（　）内から適切な語句を〇で囲みなさい。

(1) 私は10年間ずっとここに住んでいます。　　　　　　　　　　　　(8点 × 2)

I（ live,　lived,　have lived ）here for ten years.

(2) ボブは昨年からずっとハワイにいます。

Bob has been in Hawaii（ since,　for,　during ）last year.
ハワイ

2 次の日本文に合うように，適切な語を書きなさい。(10点 × 2)

(1) 私は 3 年間ずっと英語を勉強しています。

I .... English for three years.

(2) トムは昨日からずっと病気です。

Tom .... sick since yesterday.

3 次の各組の英文がほぼ同じ意味になるように，適切な語を書きなさい。

(1) ⎰ I came to this town in 2000, and I still live here.　　　(12点 × 3)
　 ⎱ I .... in this town .... 2000.
今でも

(2) ⎰ He visited Okinawa a week ago, and he still stays there.
　 ⎱ He .... in Okinawa .... a week.

(3) ⎰ Susan was busy last week. She is still busy now.
　 ⎱ Susan .... busy .... last week.

4 次の英文を（　）内の語句を加えて，現在完了の文に書きかえなさい。

(1) He knows Mami.（ since 2007 ）　　　　　　　　　　　　(14点 × 2)

.... since 2007.

(2) I want a bike.（ for three months ）

.... for three months.

53 現在完了 ②

How long have you stayed here?

1 次の日本文に合うように，適切な語を書きなさい。(9点 × 3)

(1) メグは先週からずっとボブに会っていません。

Meg .... Bob since last week.

(2) 彼は 1 週間ずっと病気ですか。

.... sick for a week ?

(3) あなたはどれくらいの間，英語を勉強していますか。

.... you studied English ?

2 次の日本文に合うように，( )内の語句を並べかえなさい。(14点 × 2)

(1) 彼らはその部屋をこの前の日曜日から掃除していません。

They (last, cleaned, since, haven't, Sunday, the room).

They ....

(2) どれくらいの間，雨が降っていますか。

(has, rained, how, it, long)?

.... ?

3 適切な語を入れて，対話文を完成しなさい。(15点 × 3)

(1) *A* : Have you worked at the shop for a long time ?

　　B : Yes, I ....

(2) *A* : Has Akira wanted a new bike ?

　　B : No, ... He has wanted a new computer.

(3) *A* : How long have you and Ken known each other ?

　　B : .... have known each other <ruby>おたがい</ruby> .... three years.

54 現在完了 ③
I have visited China before.

1 次の日本文に合うように，適切な語を書きなさい。(9点×3)

(1) 私はオーストラリアに行ったことがあります。

I .... Australia.

(2) ジョンは一度，ギターを弾いたことがあります。

John .... the guitar ....

(3) 彼らはその山に2回登ったことがあります。

They .... the mountain ....

2 次の日本文に合うように，（　）内の語句を並べかえなさい。(14点×2)

(1) 私たちは以前にその話を聞いたことがあります。

We (the story, have, before, heard).

We ....

(2) 私はその本を3回読んだことがあります。

I (the book, have, times, read, three).

I ....

3 次の英文を日本語に，日本文を英語に直しなさい。(15点×3)

(1) I have often met the man.

[　　　　　　　　　　　　　　　　　　　　　]

(2) Kenta has seen the movie many times.

[　　　　　　　　　　　　　　　　　　　　　]

(3) 私は以前に犬を1匹飼ったことがあります。

....

1 次の日本文に合うように，適切な語を書きなさい。(9点×3)

(1) あなたは今までに英語で手紙を書いたことがありますか。

.... you .... a letter in English ?

(2) ユミは一度も野球をしたことがありません。

Yumi .... baseball.

(3) 彼は今までにその本を読んだことがありますか。

.... he .... the book ?

2 次の日本文に合うように，( )内の語を並べかえなさい。(14点×2)

(1) 私たちは一度もそこへ行ったことがありません。

(been, we, there, have, never).

....

(2) 彼らは今までにトムと話したことがありますか。

(have, Tom, with, ever, they, talked)?

.... ?

3 適切な語を入れて，対話文を完成しなさい。(15点×3)

(1) *A* : Has Jane ever eaten Japanese food ?

　B : Yes, she ....

(2) *A* : Have you ever met Mark ?

　B : No, I .... I want to meet him.

(3) *A* : Has your brother ever given a present to you ?

　B : No, ...

56 現在完了 ⑤

I have just finished my homework.

1 次の日本文に合うように，適切な語を書きなさい。(10点 × 3)

(1) 私はちょうど母に電話したところです。

I .... called my mother.

(2) ケイはロンドンへ行ってしまいました。

Kei .... London.

(3) その電車はすでに駅を出発してしまいました。

The train .... left the station.

2 次の日本文に合うように，(　)内の語句を並べかえなさい。(14点 × 3)

(1) 私たちはすでにその部屋の掃除を終えました。

(cleaning, we, the room, finished, already, have).

....

(2) 私の妹はちょうど学校から戻ってきたところです。

(just, has, school, back, my sister, come, from).

....

(3) 雨はもう止みました。

(raining, already, it, stopped, has).

....

3 次の英文を日本語に，日本文を英語に直しなさい。(14点 × 2)

(1) I have already had lunch.

[　　　　　　　　　　　　　　　　　　　　　　　　　　　　　　　　　]

(2) マイとカナはちょうどここに着きました。

....

57 現在完了 ⑥
I haven't cleaned my room yet.

1 次の日本文に合うように，適切な語を書きなさい。(12点×4)

(1) 彼はまだ宿題を終えていません。

He ＿＿＿＿＿＿＿＿＿ finished his homework ＿＿＿＿＿＿ .

(2) あなたはもうその映画を見ましたか。

＿＿＿＿＿＿ you seen the movie ＿＿＿＿＿＿ ?

(3) はい，見ました。((2)の答え)

Yes, ＿＿＿＿＿ ＿＿＿＿＿ .

(4) いいえ，まだ見ていません。((2)の答え)

No, ＿＿＿＿＿ ＿＿＿＿＿ .

2 次の英文を( )内の指示に従って書きかえなさい。(14点×2)

(1) I have already left home.（「まだ～していません」という否定文に）

＿＿＿＿＿＿＿＿＿＿＿＿＿＿＿＿＿＿＿＿＿＿＿＿＿

(2) The game has just started.（「もう～しましたか」という疑問文に）

＿＿＿＿＿＿＿＿＿＿＿＿＿＿＿＿＿＿＿＿＿＿＿＿＿

3 次の日本文に合うように，( )内の語句を並べかえなさい。(12点×2)

(1) 彼らはもうその知らせを聞きましたか。

(they, heard, yet, have, the news)?

＿＿＿＿＿＿＿＿＿＿＿＿＿＿＿＿＿＿＿＿＿ ?

(2) 飛行機はまだ空港に到着していません。

(hasn't, yet, the airport, at, arrived, the plane).

＿＿＿＿＿＿＿＿＿＿＿＿＿＿＿＿＿＿＿＿＿＿ .

58 まとめテスト ⑧

合格点 80点
得点
点
解答 ➡ P.77

1 次の英文の（　）内から適切な語句を〇で囲みなさい。(8点 × 3)

(1) I have (yet,　already,　ever) finished my homework.

(2) Bill has been sick (since,　for) a week.

(3) (How long,　When,　How many) have you studied English ?

2 次の英文を（　）内の指示に従って書きかえなさい。(10点 × 2)

(1) Yumi has heard the story before.（「一度も〜したことがない」という文に）

(2) It has been rainy <u>for four days</u>.（下線部をたずねる文に）

3 次の各組の英文がほぼ同じ意味になるように，適切な語を書きなさい。

(1) { I lost my umbrella, and I still don't have it.　　(10点 × 2)
　　　かさ
　　I .... my umbrella.

(2) { Is this your first visit to Japan ?
　　　　　　訪問
　　............................ you .... to Japan ?

4 次の英文を日本語に，日本文を英語に直しなさい。(12点 × 3)

(1) He hasn't sent a letter yet.

[　　　　　　　　　　　　　　　　　　　　　　　]

(2) Have they had lunch yet ?

[　　　　　　　　　　　　　　　　　　　　　　　]

(3) 私は去年から彼女のことを知っています。

仕上げテスト ①

1 次の英文の（　）内から適切な語を○で囲みなさい。(5点×4)

(1) There (is，are，were) some tea in my cup.

(2) If it (will be，is，was) rainy tomorrow, I won't go hiking.

(3) Which do you like (well，better，best), dogs or cats ?

(4) Hurry up, (or，and，but) you can catch the bus.

2 次の英文の（　）内の語を，適切な形にかえなさい。(6点×3)

(1) Lucy was (take) a bath at that time.　　　.............................

(2) I got up much (early) than my brother.　　.............................

(3) When will you finish (cut) the tree ?　　.............................

3 次の英文を日本語に，日本文を英語に直しなさい。ただし，(3)·(4)は（　）内の語を使うこと。(11点×4)

(1) My camera is as expensive as yours.

[　　　　　　　　　　　　　　　　　　　　　　　]

(2) Eggs are eaten for breakfast in many countries.

[　　　　　　　　　　　　　　　　　　　　　　　]

(3) 何か冷たい飲み物を私にくれませんか。(give)

....

(4) 私の兄は美術を勉強するためにフランスへ行きました。(France，art)

....

4 次の英文の誤りを正しなさい。ただし，下線部はかえないこと。(9点×2)

(1) We <u>call</u> he Jim.　　.....................　→　.....................

(2) Yoko is the tallest girl in the <u>three</u>.　.....................　→　.....................

60 仕上げテスト ②

1 適切な語を右から選び，適切な形にかえて書きなさい。(7点 × 4)

(1) I enjoyed .... in the park.

(2) I have never .... the movie.

(3) Sally plays soccer .... than Ken.

(4) My lunch box is the .... in my class.
弁当箱

| big |
| run |
| well |
| see |

2 次の各組の英文がほぼ同じ意味になるように，適切な語を書きなさい。

(1) Miho went to London a month ago. She is still there. (10点 × 5)
Miho .... in London for a month.

(2) You don't need to take off your shoes here.
You .... to take off your shoes here.

(3) My aunt bought a pretty dress for me.
A pretty dress .... for me by my aunt.

(4) Let's go fishing next Saturday.
.... go fishing next Saturday ?

(5) Don't play baseball here.
You .... not play baseball here.

3 次の日本文に合うように，( )内の語を並べかえなさい。(11点 × 2)

(1) 私は，トムは疲れていると思いました。
(was, thought, Tom, that, I, tired).

....

(2) 日本でいちばん人気のある歌手はだれですか。
(popular, most, who, the, is, singer) in Japan ?

.... in Japan ?

解答編

1 一般動詞の過去形 ①

❶ (1) cleaned　(2) carried
(3) stopped
❷ (1) studied　(2) lived
(3) watched
❸ (1) enjoyed the party last Saturday
(2) visited the park yesterday morning

解説

❶ 規則動詞の過去形は語尾に-d／-edをつける。

❷ (1)「ユミは昨夜，熱心に数学を勉強しました。」(2)「私の祖父は10年前，フランスに住んでいました。」(3)「彼(女)らは昨日，スタジアムでサッカーの試合を見ました。」

❸ (2)「昨日の朝」はyesterday morning。

2 一般動詞の過去形 ②

❶ (1) had　(2) went　(3) said
(4) saw
❷ (1) ran　(2) made　(3) ate　(4) left
❸ (1) 私は今朝，早く起きて新聞を読みました。
(2) 私たちは昨日，先生に手紙を書きました。

解説

❷ (1)「彼は3日前，公園で走りました。」
(2)「彼女は先週，すてきなかばんを作りました。」(3)「ジムは今朝，7時に朝食を食べました。」(4)「彼(女)らは1時間前に家を出ました。」

3 一般動詞の過去形 ③

❶ (1) did, not, practice
(2) Did, know, did
(3) didn't, sit
(4) Did, call, didn't
❷ (1) Emi and I did not swim
(2) Did you go to school by bus
❸ (1) Yuta and Sam didn't〔did not〕run in the park this morning.
(2) Did she cook lunch last Saturday ?

解説

❶ (3) 解答欄の数より，did notの短縮形didn'tを使う。

❸ (1)「ユウタとサムは今朝，公園で走りませんでした。」run ─ ranと変化する。
(2)「彼女はこの前の土曜日に，昼食を料理しましたか。」

4 一般動詞の過去形 ④

❶ (1) What, play
(2) Where, did, hear
(3) How, did, go
❷ (1) Why did Miku and Mary go to the park
(2) When did Mr. Smith come to
❸ (1) What, time, got
(2) Who, did

解説

❶ (1)「あなたたちは放課後，何をしましたか。」(2)「あなたはどこでその知らせを聞きましたか。」hear ─ heardと変化す

る。　(3)「ショウタはどうやって博物館〔美術館〕に行きましたか。」

③ (1)A「あなたは今朝，何時に起きましたか。」B「6時に起きました。」　(2) meet — metと変化する。A「あなたはだれに会いましたか。」B「私は友だちに会いました。」

5　be動詞の過去形 ①

❶ (1) was　(2) were　(3) was
　(4) were
❷ (1) その生徒たちはテニスが得意でした。
　(2) その書店は駅の近くにありました。
　(3) マユミと私は昨年，同じクラスでした。
　(4) 昨日の午後，大阪はくもりでした。
❸ (1) You were kind to me yesterday.
　(2) Bob and I were in the library then.

解説

❶ (1)「私は昨年，12歳でした。」　(2)「あなたは2日前，学校に遅刻しました。」
　(3)「ケンはこの前の冬，ニューヨークにいました。」　(4)「私の犬たちは30分前，テーブルの下にいました。」
❷ (4) 天候を表す文の主語はit。
❸ (1)「あなたは昨日，私に親切でした。」
　(2)「ボブと私はそのとき，図書館にいました。」

6　be動詞の過去形 ②

❶ (1) Were　(2) was　(3) Was, was
　(4) Was, was
❷ (1) was, not　(2) were, not
　(3) Were　(4) they, weren't
❸ (1) I wasn't〔was not〕 with my sister then.

---

(2) No, she wasn't〔was not〕.
(3) Yes, they were.

解説

❶ (1)「あなた(たち)は昨日，ひまでしたか。」　(2)「彼は20分前に，そこにいませんでした。」　(3)「あなた(たち)のお母さんは歌手でしたか。」「はい，そうでした。」　(4)「この前の日曜日は晴れでしたか。」「いいえ，そうではありませんでした。」
❸ (1)「私はそのとき，姉〔妹〕といっしょにいませんでした。」　(2)「アリスは昨日，疲れていましたか。」という問い。
　(3)「これらの本はおもしろかったですか。」という問い。

7　be動詞の過去形 ③

❶ (1) Where, were　(2) Who, was
　(3) How, was
❷ (1) How, old, were
　(2) Where, was
❸ (1) How long was Mary in Osaka ?
　(2) What were those ?
　(3) When was his father in London ?

解説

❷ (1) A「あなたはそのとき，何歳でしたか。」B「私は10歳でした。」　(2) A「私の犬はどこにいましたか。」B「いすの下にいました。」
❸ (1)「メアリーはどのくらい大阪にいましたか。」　(2)「あれらは何でしたか。」
　(3)「彼のお父さんはいつロンドンにいましたか。」

-62-

8 過去進行形 ①

1. (1) was, washing
   (2) were, cutting　(3) was, going
2. (1) ケイコと彼女のお母さんはその
   とき，ケーキを作っていました。
   (2) 私のねこはそのとき，いすの下
   で眠っていました。
3. (1) was, studying
   (2) were, taking
4. (1) Yuki was writing a letter
   (2) The children were swimming
   in the sea

解説

3. (1)「私はそのとき，勉強していました。」
   (2)「あなた(たち)はそのとき，入浴して
   いました。」

9 過去進行形 ②

1. (1) Were, running, was
   (2) wasn't, playing
   (3) Were, waiting, they, weren't
2. (1) ユミとケンジはいっしょに昼食
   を食べていましたか。
   (2) その少年は彼のかばんを探して
   いませんでした。
3. (1) I wasn't〔was not〕using Tom's
   bike.
   (2) Was she taking pictures ?
   (3) They weren't〔were not〕
   swimming in the sea.

解説

3. (1)「私はトムの自転車を使っていません
   でした。」　(2)「彼女は写真を撮っていま
   したか。」　(3)「彼(女)らは海で泳いでい
   ませんでした。」

10 過去進行形 ③

1. (1) were, doing　(2) was, using
   (3) were, studying
2. (1) were, was, making
   (2) Where, were
3. (1) Who was cleaning the room ?
   (2) Where was the student
   running ?
4. What was your mother looking for

解説

2. (1) A「あなたはそのとき，台所で何を
   作っていましたか。」B「私はアップル
   パイを作っていました。」　(2) A「あなた
   はどこでこの本を読んでいましたか。」
   B「私は図書館でそれを読んでいまし
   た。」
3. (1)「だれがその部屋を掃除していました
   か。」　(2)「その生徒はどこで走っていま
   したか。」
4. 「～を探す」はlook for ～。

11 まとめテスト ①

1. (1) saw　(2) visited　(3) were
   (4) practicing
2. (1) heard, ago　(2) did, leave
   (3) Were　(4) No, weren't
3. (1) Emi didn't〔did not〕come to
   my house last Sunday.
   (2) I was studying English in the
   library.
   (3) Did the woman say anything in
   English ?
   (4) Where was your uncle for two
   years ?

1 (1)「私は昨日，風変わりな鳥を見ました。」 (2)「ケイコはこの前の冬に，北海道を訪れました。」 (3)「私たちは昨日の午後，ひまでした。」 (4)「ヒロはそのとき，柔道を練習していましたか。」

3 (1)「エミはこの前の日曜日，私の家に来ませんでした。」 (2)「私は図書館で英語を勉強していました。」 (3)「その女性は英語で何か言いましたか。」 (4)「あなたのおじさんは2年間どこにいましたか。」

12 未来を表すbe going to ①

1 (1) am, going (2) is, going, play
(3) are, going, to
2 (1) I'm, going, to
(2) is, be〔become〕
(3) They're, going
3 (1) The game is going to begin
(2) Ken's brother is going to be free

解説

1 (1)「私は明日，数学を勉強するつもりです。」 (2)「コウジは次の土曜日に，テニスをする予定です。」 (3)「私たちは来週，トムを訪ねる予定です。」

13 未来を表すbe going to ②

1 (1) Are, going (2) is, not, going
(3) Are, going
2 (1) Is, going (2) he, is
(3) not, going, to
3 (1) Are, going, I
(2) Are, they, aren't

解説

1 (1)「あなた(たち)は夕食を料理するつもりですか。」 (2)「彼女は音楽を聞くつもりはありません。」 (3)「ミキとポールは

テニスをするつもりですか。」

3 (1) A「あなたは次の夏，沖縄を訪れるつもりですか。」B「はい，そのつもりです。」
(2) A「彼(女)らはいっしょに昼食を食べるつもりですか。」B「いいえ，そのつもりはありません。」

14 未来を表すbe going to ③

1 (1) What, are, do
(2) When, is, going
(3) Who, are, to
2 (1) あなた(たち)はどの電車に乗るつもりですか。
(2) What is Jane going to be 〔become〕?
3 (1) Where (2) How, long
(3) What, time, is, going, to

解説

3 (1) A「その少女たちはどこでテニスをする予定ですか。」B「公園です。」 (2) A「あなたはローマにどのくらいの期間滞在するつもりですか。」B「2週間そこに滞在するつもりです。」 (3) A「コンサートは何時に始まる予定ですか。」B「それは6時30分に始まる予定です。」

15 未来を表すwill ①

1 (1) will read (2) will teach
2 (1) will, be (2) will, take
3 (1) will, play (2) I'll, be
4 (1) You will get a present from Bob
(2) Everything will be all right

解説

3 (1)「ケンは明日，ギターを弾くつもりです。」 (2)「私は来週，14歳になります。」

1 (1) will, not (2) Will, leave, will
(3) won't, practice

2 (1) Will, read, she, won't
(2) won't, be

3 (1) Will Jun〔Is Jun going to〕arrive
in Tokyo at eight tomorrow ?
(2) It won't〔will not〕be rainy next
Sunday.
(3) We won't〔will not〕go
shopping this weekend.

解説

1 (1)「私は明日の朝, 母を手伝うつもりは
ありません。」 (2)「あなたは9時に家を
出るつもりですか。」「はい, そのつもり
です。」 (3)「トムはバイオリンを練習し
ないでしょう。」will notの短縮形won't
は〔wóunt〕と発音する。want〔wánt／
wɔ́nt〕との違いに注意。

3 (1)「ジュンは明日, 8時に東京に着く予
定ですか。」 (2)「次の日曜日は雨は降ら
ないでしょう。」 (3)「私たちは今週末,
買い物に行くつもりはありません。」

1 (1) What, will (2) When, will
(3) Which, will

2 (1) その野球の試合は何時に始まる
予定ですか。
(2) 明日の大阪の天気はどうですか。

3 (1) Where, will (2) Who, will
(3) How, old, be

解説

3 (1) A「ジムはどこで走るつもりですか。」
B「彼は公園で走るつもりです。」 (2) A
「あなたは5時にだれと会う予定です
か。」B「私は友だちと会う予定です。」

(3) A「あなた(たち)の子どもは来月何歳
になりますか。」B「彼女は3歳になりま
す。」

1 (1) Are (2) I am (3) will run

2 (1) I'm, going (2) Will, be
(3) it, won't (4) Where, is, going

3 (1) Will they〔Are they going to〕
be free next week ?
(2) Ken won't〔will not〕listen to
music after school.
(3) What will she do tomorrow
afternoon ?

解説

1 (1)「あなた(たち)は次の日曜日に, 泳ぐ
予定ですか。」 (2)「はい, その予定で
す。」 (3)「タロウは明日の朝, 公園で走
るつもりです。」

3 (1)「彼(女)らは来週, ひまでしょうか。」
(2)「ケンは放課後, 音楽を聞かないで
しょう。」 (3)「彼女は明日の午後, 何を
するつもりですか。」

1 (1) must (2) have (3) have
(4) Must

2 (1) has, to (2) Do, have
(3) doesn't, have

3 (1) mustn't, be
(2) Does, have, to

解説

3 (1)「教室で騒がしくしてはいけません。」
must notは禁止「～してはならない」の
意味を表す。短縮形はmustn't。〔mʌ́snt〕
の発音にも注意。 (2)「彼は土曜日に働
かなければなりませんか。」

20 いろいろな助動詞 ②

❶ (1) I, please　(2) we, let's
❷ (1) Shall, we　(2) I'm, sorry
　(3) we, let's, not
　(4) Shall, thank, you
❸ (1) 朝食にサンドイッチを作りま
しょうか。
　(2) あなた（たち）のために何をしま
しょうか。
❹ Shall, we

解説

Shall I ～? は「（私が）～しましょうか。」と
相手に申し出る表現。Shall we ～? は「（いっ
しょに）～しましょうか。」と相手を誘う表現。
❹「書店に行きましょうか。」

21 いろいろな助動詞 ③

❶ (1) I, may　(2) Will〔Can, Would,
Could〕, you, right
　(3) you, tell〔show〕
❷ (1) 入ってもいいですか。―すみま
せん, いけません。
　(2) オーストラリアについて私に教
えてもらえますか。
　(3) 質問をしてもいいですか。―は
い, もちろん。
　(4) 窓を開けていただけますか。―
いいですよ。
❸ (1) can't〔cannot〕
　(2) Will〔Can, Would, Could〕, you

解説

❸ (1) A「今夜, あなたに電話してもいいで
すか。」B「すみませんが, いけません。」
　(2) A「私の宿題を手伝ってもらえます
か。」B「わかりました。」

22 接続詞 ①

❶ (1) and　(2) but　(3) so　(4) or
❷ (1) and　(2) so　(3) or
❸ (1) あなたの自転車はどちらですか,
これですか, それともあれですか。
　(2) すぐに出発しなさい, そうすれ
ば電車に間に合うでしょう。
　(3) 一生懸命勉強しなさい, そうし
ないとテストに合格しませんよ。
　(4) その子どもたちは貧しかったが,
幸せでした。

解説

❶ (1)「ケンとマイクは仲のよい友だちで
す。」(2)「サリーは日本語を話しますが,
読むことはできません。」(3)「ジェーム
ズは親切なので, だれもが彼のことが好
きです。」(4)「あなた（たち）は沖縄へ船
で行くつもりですか, それとも飛行機で
行くつもりですか。」
❷ (3)〈命令文, or ～〉は「…しなさい, そ
うしないと～」の意味。
❸ (2)〈命令文, and ～〉は「…しなさい,
そうすれば～」の意味。

23 接続詞 ②

❶ (1) when　(2) because　(3) if
　(4) is
❷ (1) ジムは病気だったので, テニス
をしませんでした。
　(2) 左に曲がると, 郵便局が見えま
す。
　(3) エミは通りを歩いていたときに,
ブラウンさん〔先生〕に会いました。
❸ (1) When　(2) because　(3) if

解説

❶ (4) 時や条件を表す副詞節の中では, 未
来のことでも現在形で表す。

③ (1)「私の兄〔弟〕が帰ってきたとき，私は電子メールを書いていました。」 (2)「今，雨が降っているので，私は外出しないつもりです。」 (3)「私が手伝わなければ，彼は宿題ができません。」

24 接続詞 ③

① (1) 私は彼の兄〔弟〕は速く走ることができると思います。
(2) ケイトは彼から便りがあるといいなと思っています。
(3) 私たちは電車は時間通りに来ないと思います〔来るとは思いません〕。
② (1) Do you know Mark is from Canada
(2) don't think Kenta and Jiro are brothers
③ (1) He said (that) his sister was sick.
(2) I don't think (that) Mary knows you.
(3) They thought (that) the man was very kind.

解説

① (3) don't think (that) ～「～ではないと思う〔～だとは思わない〕」
③ (1)「彼は彼のお姉〔妹〕さんは病気だと言いました。」 (2)「私はメアリーはあなた(たち)を知らないと思います〔知っているとは思いません〕。」 (3)「彼らはその男性はとても親切だと思いました。」

25 前置詞

① (1) at (2) on (3) for (4) during
② (1) between, and
(2) from, to〔till, until〕
(3) with, in, after
③ (1) near (2) on (3) by (4) in

解説

① (1)「私は今朝，6時30分に起きました。」 (2)「壁にかかっているその帽子は私の父のものです。」 (3)「ヒロシはオーストラリアへ向けて日本を出発しました。」 (4)「あなた(たち)は夏休みの間，何をする予定ですか。」
③ (1)「その図書館は私の家の近くにあります。」 (2)「彼は9月20日に生まれました。」 (3)「あなた(たち)はそこに電車で行ったのですか。」 (4)「6月にはたくさん雨が降ります。」

26 まとめテスト ③

① (1) but (2) Can (3) because
(4) or (5) On
② (1) doesn't, have
(2) we, if, it's, let's
(3) mustn't, before
③ (1) know he lived in New York when (2) Could you call me at ten

解説

① (1)「ジョンは熱心に練習しましたが，サッカーの試合に勝ちませんでした。」 (2)「窓を閉めてもいいですか。」「いいですよ。」 (3)「アリスは8時に起きたので，授業に遅れました。」 (4)「急ぎなさい，そうしないとあなた(たち)はバスに間に合いませんよ。」 (5)「あなた(たち)はいつ日本語〔国語〕を勉強しますか。」「月曜日です。」

27 There is(are) ~. ①

❶ (1) is ／かごの中に（1個の）りんご
　　があります。
　　(2) are ／2月は28日あります。
❷ (1) is, under　(2) There, on
❸ (1) There, is, in
　　(2) There, are, in
❹ (1) There is a flower shop near
　　(2) There are forty students in

(解説)

There is(are)のあとの名詞が単数ならis,
複数ならareを使う。
❸ (1)「私の町には図書館が（1つ）ありま
　　す。」　(2)「1週間は7日あります。」

28 There is(are) ~. ②

❶ (1) Is, there　(2) Are, any
　　(3) aren't, any〔are, no〕
❷ (1) there, was
　　(2) How, many, were
❸ (1) There was a big bird in the sky.
　　(2) No, there isn't〔is not〕.
　　(3) How many pictures are there
　　on the wall?
　　(4) There aren't〔are not〕 any
　　balls in the basket.

(解説)

❷ (1) A「ジムの机の上に（1台の）カメラ
　　はありましたか。」B「はい, ありました。」
　　(2) A「公園に犬は何匹いましたか。」
　　B「約10匹いました。」
❸ (1)「空に（1羽の）大きな鳥がいました。」
　　(2)「向こうに車が（1台）ありますか。」
　　「いいえ, ありません。」　(3)「壁に何
　　枚の絵〔写真〕がかかっていますか。」

(4)「かごの中にボールは1つもありませ
ん。」否定文の中ではsomeはanyにな
る。

29 付加疑問文・感嘆文

❶ (1) aren't　(2) do　(3) didn't
　　(4) can
❷ (1) doesn't, she
　　(2) weren't, you　(3) did, he
❸ (1) これはなんておもしろい映画な
　　んでしょう。
　　(2) テストはなんて難しかったので
　　しょう。
❹ How fast he speaks English

(解説)

❶ 「〜ですよね」と相手に確認したり同意を
求めたりする文を付加疑問文という。カ
ンマの前の文が肯定文の付加疑問は否定
の形, 否定文の付加疑問は肯定の形にな
る。付加疑問の主語は, その文の主語の
代名詞を使う。(1)「この少年たちは有名
な歌手ですよね。」　(2)「あなた（たち）は
バスで学校へ行きませんよね。」　(3)「フ
レッドはサッカーの試合を楽しみました
よね。」　(4)「あなたのお姉〔妹〕さんは速
く泳げませんよね。」
❸ 「なんて〜なんでしょう。」と強い感情を
表す文を感嘆文という。HowやWhat
で文を始めて, 文末には感嘆符(!)をつ
ける。(1)〈What（an ／a）＋形容詞＋
名詞＋主語＋動詞！〉の語順になる。
(2)〈How＋形容詞〔副詞〕＋主語＋動
詞！〉の語順になる。

30 いろいろな文構造 ①

① (1) looks, young (2) feel, happy
　(3) became, player
② (1) 怒らないでください。
　(2) Your plan sounds〔plans sound〕good.
　(3) あの子どもたちは今日，なぜ悲しそうなのですか。
③ (1) he will become a good writer
　(2) It gets dark early in

解説

① (1) 「～に見える」は〈look＋形容詞〉。
② (1) 〈get＋形容詞〉「(ある状態に)なる」
　(2) 「～に聞こえる」は〈sound＋形容詞〉。
③ (2) 明暗を表すときの主語はitを使う。

31 いろいろな文構造 ②

① (1) asked, her (2) tell〔show〕, me
　(3) send, them
② (1) to, us (2) for, me
③ (1) I'll show you a picture of my family
　(2) Is Meg going to give him a present
　(3) Will you lend me your pencils

解説

② (1) 「スミス先生は私たちに英語を教えてくれます。」〈teach＋人＋物〉＝〈teach＋物＋to＋人〉 (2) 「私の祖母は私に新しいコンピュータを買ってくれました。」〈buy＋人＋物〉＝〈buy＋物＋for＋人〉
③ 〈show〔give／lend〕＋人＋物〉の語順にする。

32 いろいろな文構造 ③

① (1) ① エミはこのケーキを作りました。
　② エミは私たちを幸せにしました。
　(2) ① 私は昨夜，祖父に電話しました。
　② 彼(女)らは彼(女)らの犬をシロと呼びます。
② (1) イ (2) イ (3) ウ
③ (1) will make them sad
　(2) I call you Jun
　(3) calls the student Ann
　(4) name the cat Tama

解説

① (1) ①make ～「～を作る」　②make ～ ...「～を…にする」
　(2) ①call ～「～に電話する」　②call ～ ...「～を…と呼ぶ」
② (1) 「私をトモと呼んでください。」
　(2) 「私たちは赤ちゃんをメアリーと名づけました。」 (3) 「私の父は私を科学者にしました。」
③ (1) 「その知らせは彼(女)らを悲しませるでしょう。」 (2) 「あなたをジュンと呼んでもいいですか。」 (3) 「ブラウン先生はその生徒をアンと呼びます。」 (4) 「あなたはそのねこをタマと名づけるつもりですか。」

33 まとめテスト ④

① (1) sounds (2) gave (3) were
② (1) looks, doesn't (2) makes, me
　(3) There, were
③ What a beautiful sunset this is
④ (1) There, is (2) teaches, us
　(3) What, call

解説

1 (1)「泳ぎに行きましょう。」「それはおもしろそうですね。」〈sound ＋形容詞〉「～に聞こえる」 (2)「トムは昨日，私にすてきなプレゼントをくれました。」〈give ＋人＋物〉の語順。 (3)「あなた(たち)は昨日，そこにいませんでしたよね。」付加疑問文。

4 (1)「私たちの市には大きな公園があります。」 (2)「ホワイト先生は私たちに音楽を教えてくれます。」 (3)「あなた(たち)はこの花を何と呼びますか。」

---

34 不定詞 ①

1 (1) want to visit (2) want to watch
(3) wants to study
2 (1) To, see, to (2) to, study
(3) to, be〔become〕
3 (1) 彼(女)らは教室を掃除する必要があります。
(2) 外国語を学ぶことは重要です。
4 The boy began to cry in the train

解説

1「～したい」は〈want to ＋動詞の原形〉で表す。 (1)「あなた(たち)はインドを訪れたいと思っています。」 (2)「私たちはテレビを見たいと思っています。」 (3)「アリスは日本語を勉強したいと思っています。」

---

35 不定詞 ②

1 (1) e-mails to write
(2) things to do
2 (1) to, watch (2) to, show
(3) to, eat
3 (1) ロンドンには訪れるべき場所がたくさんあります。
(2) 私は何か温かい飲み物がほしいです。
4 (1) I had no money to buy the clothes
(2) Do you have a book to read

解説

3 (2)「何か温かい飲み物」は something hot to drink と表し，〈something ＋形容詞＋ to ＋動詞の原形〉の語順になる。

---

36 不定詞 ③

1 (1) to, study (2) to, talk, about
(3) to, see〔meet〕
(4) to, get〔receive〕
2 (1) あなた(たち)はなぜそんなに早くここに来たのですか。―今日の新聞を読むためです。
(2) その悲しい知らせを聞いて私たちは残念です。
(3) 私は空港で彼女に会って驚きました。
3 (1) I went to the kitchen to cook.
(2) He worked to save the poor children.
(3) I'm〔I am〕 sad to lose my notebook.

解説

2 (1) To read は「～するために」の意味で，動作の目的を表す。 (2), (3) be sorry

to ～「～して残念だ」, be surprised to ～「～して驚く」の不定詞は感情の原因を表す。

37 動名詞 ①

- ❶ (1) playing ／私はピアノを弾くことが大好きです。
  (2) taking ／私の姉〔妹〕は写真を撮って楽しみました。
  (3) painting ／私の趣味は絵を描くことです。
- ❷ (1) began〔started〕, studying
  (2) Getting, up
  (3) Writing, isn't
- ❸ (1) They practice singing songs
  (2) Doing homework is important for us

解説

- ❶ (1), (2) 動名詞は文の目的語。 (3) 動名詞は文の補語。
- ❷ (2), (3) 動名詞は文の主語。

38 動名詞 ②

- ❶ (1) How〔What〕, eating〔having〕
  (2) at, swimming
  (3) before, going
- ❷ (1) writing ／私は夜遅くにレポートを書き終えました。
  (2) walking ／ルーシーは歩くのをやめて，地図を見ました。
  (3) seeing ／私は明日，あなた(たち)に会うのを楽しみにしています。
  (4) watching ／あなた(たち)はテレビを見たあと何をするつもりですか。
- ❸ (1) Thank you for helping me.
  (2) He enjoyed driving (a car) last Saturday.

解説

- ❶ 前置詞のあとの動詞は動名詞の形。
  (1)「～するのはどうですか。」はHow〔What〕about ～ing ? (2)「～することが得意である」はbe good at ～ing。
- ❷ (1), (2) finish と stop は動名詞を目的語にとる。finish ～ing「～し終える」，stop ～ing「～するのをやめる」。
- ❸ (2) enjoyは動名詞を目的語にとる。

39 動名詞 ③

- ❶ (1) making (2) to see
  (3) cooking
- ❷ (1) raining (2) Dancing
- ❸ (1) ① その少女たちは話すのをやめました。
  ② その少女たちは話すために立ち止まりました。
  (2) ① 私はその手紙を送ったことを忘れました。
  ② その手紙を送るのを忘れてはいけません。
- ❹ remember watching the movie with you

解説

- ❶ (1)「トムはロボットを作って楽しみます。」 (2)「私はあなた(たち)に今度の夏に会いたいです。」 (3)「スーザンはもうすぐ料理を終えるでしょう。」
- ❷ (1)「昨日の夕方，雨が降り始めました。」beginは不定詞と動名詞の両方を目的語にとる動詞。 (2)「踊ることは私にはおもしろいです。」
- ❸ (1) stop ～ing「～することをやめる」，stop to ～「～するために(立ち)止まる」。
  (2) forget ～ing「～したことを忘れる」(過去のこと)，forget to ～「～することを忘れる」(未来のこと)。

❹ 「～したことを覚えている」は remember ～ing。「～することを覚えておく〔忘れずに～する〕」は remember to ～。

❶ (1) to read (2) speaking
　 (3) to call (4) cleaning
❷ (1) to, going (2) To, eat〔have〕
　 (3) to be〔become〕
❸ (1) Stop talking and listen to me
　 (2) he wanted something cold to drink
　 (3) I want to go to the library to borrow

解説

❶ (1)「私はその手紙を読んでうれしかったです。」 (2)「クミは中国語を話すのが得意です。」 (3) 私は祖母に電話する時間がまったくありません。」 (4)「彼(女)らは部屋の掃除を終えました。」

❶ (1) younger (2) longest
　 (3) fastest (4) easier (5) more
❷ (1) much, older
　 (2) a, little, hotter
　 (3) tallest, of (4) hardest, in
❸ (1) I usually get up earlier than my brother
　 (2) is one of the largest cities

解説

❶ (1)「トムはアンディよりも若いです。」
(2)「この定規は 3 本の中でいちばん長いです。」 (3)「サリーはソフトボールチームの中でいちばん速く走ります。」
(4)「この質問はあの質問よりも簡単で

す。」 (5)「私はジュディよりも多くのCDを持っています。」
❷ (1) 比較級を強める「ずっと」は much。
(2)〈a little + 比較級 + than ～〉「～よりも少し…」で, 差が小さいことを表す。

❶ (1) more (2) most
❷ (1) more, important
　 (2) most, slowly, in
　 (3) most, difficult, of
❸ (1) 彼は日本でいちばん有名な作家です。
　 (2) 私のラケットはエミリーの(ラケット)よりも高い。
❹ (1) is much more interesting than
　 (2) computer was the most popular

解説

❶ (1)「このカメラはあのカメラよりも役に立ちます。」 (2)「これはこの店のすべての中でいちばん美しい花です。」

❶ (1) as (2) heavy (3) as
❷ (1) as, popular, as
　 (2) not, as〔so〕, tall
　 (3) as, well, as
❸ (1) younger, than
　 (2) easier, than
　 (3) not, as〔so〕
❹ (1) 私の家はあなたの(家)ほど広く〔大きく〕ありません。
　 (2) 私は野球はサッカーと同じくらいおもしろいと思います。

解説

❶ (1)「この寺は東大寺と同じくらい有名です。」 (2)「この石はあの石と同じくらい

重いです。」 **(3)**「エミは私の母と同じく
らい早く起きます。」

③ **(1)**「私はトムほど年をとっていません。」
→「私はトムより若いです。」 **(2)**「この
質問はあの質問ほどやさしくありませ
ん。」→「あの質問はこの質問よりやさ
しいです。」 **(3)**「ジムはあなたより背が
高いです。」→「あなたはジムほど背が
高くありません。」

---

44 比 較 ④

❶ **(1)** better **(2)** the longest
  (3) best
❷ **(1)** better, than **(2)** the, best, of
  (3) the, best
❸ **(1)** あなたのお兄〔弟〕さんとジムと
  ではどちらが年上ですか。
  (2) Ken speaks English (the)
  best in his family.
❹ **(1)** Which, like, better, better
  (2) Which, or, is

解説

❶ **(1)**「あなたの辞書は私の(辞書)よりもよ
いです。」 **(2)**「世界でいちばん長い川は
何ですか。」 **(3)**「トムは彼の学校でいち
ばん上手なテニス選手です。」
❹ **(1)** *A*「あなたは数学と英語とではどちら
が好きですか。」*B*「私は数学よりも英語
が好きです。」 **(2)** *A*「あなたのねことメ
アリーの(ねこ)とではどちらが大きいで
すか。」*B*「私の(ねこ)です。」

---

45 まとめテスト⑥

❶ **(1)** the, highest **(2)** as, early
  (3) better, than
  (4) Which〔What〕, coldest
❷ **(1)** more, than **(2)** isn't, as〔so〕
❸ **(1)** smaller, hers **(2)** Which, or
  (3) like, best, of **(4)** in, does

解説

❷ **(1)**「この本はあの本よりも安いです。」
→「あの本はこの本よりも高いです。」
(2)「エミはあなたのお姉〔妹〕さんより若
いです。」→「あなたのお姉〔妹〕さんはエ
ミほど若くありません。」
❸ **(1)** *A*「あなたの辞書は彼女の(辞書)より
も大きいですか。」*B*「いいえ。私の辞書
は彼女のよりもずっと小さいです。」
(2) *A*「野球とテニスとではどちらがおも
しろいですか。」*B*「私はテニスの方がお
もしろいと思います。」 **(3)** *A*「あなたは
何の教科がいちばん好きですか。」*B*「私
はすべての中で英語がいちばん好きで
す。」 **(4)** *A*「あなたの学校でだれがいち
ばん速く泳ぎますか。」*B*「マイクです。」

---

46 受け身の文①

❶ **(1)** known **(2)** made **(3)** taught
  (4) read **(5)** given **(6)** taken
❷ **(1)** studied **(2)** eaten **(3)** are cut
❸ **(1)** is, spoken **(2)** are, written
  (3) is, opened, by
❹ **(1)** tall buildings are seen in this
  city
  (2) Kyoto is visited by many people

解説

❷ **(1)**「私の国では日本語が多くの人々に
よって勉強されています。」 **(2)**「ハン
バーガーは多くの若者に食べられていま

す。」 (3)「森では多くの木が切り倒され
ています。」

47 受け身の文 ②

❶ (1) was, used (2) were, made
(3) I, was, invited
❷ (1) Math and science were taught
by Mr. Suzuki.
(2) This book was written by her.
(3) Spanish was spoken in the
Philippines.
(4) Dinner was cooked by him last
Saturday.
❸ (1) were, seen
(2) was, taken, by

解説
❷ (1)「数学と理科はスズキ先生によって教
えられました。」 (2)「この本は彼女に
よって書かれました。」 (3)「フィリピン
ではスペイン語が話されていました。」
(4)「この前の土曜日，夕食は彼によって
料理されました。」
❸ (1)「昨夜，たくさんの星が見られまし
た。」 (2)「この写真は昨日，リナによっ
て撮られました。」

48 受け身の文 ③

❶ (1) Is, read (2) aren't, known
(3) Were, broken
(4) wasn't, cleaned
❷ (1) it, was (2) they, aren't
❸ (1) Is, seen
(2) Are, bought, Kumi
(3) weren't, brought, her

解説
❷ (1) A「この建物はその男性によって建て
られたのですか。」B「はい，そうです。」

(2) A「これらの手紙は英語で書かれてい
ますか。」B「いいえ，書かれていませ
ん。」
❸ (1)「その動物園でこの動物は見られます
か。」 (2)「ノートは毎月クミによって買
われますか。」 (3)「花は彼女によって
持ってこられませんでした。」

49 受け身の文 ④

❶ (1) Where, is, spoken
(2) When, was, taken, by
(3) Why, were, carried
❷ (1) What are you called by
(2) What time are those gates
opened
(3) How was this chair made
❸ (1) How many people were invited
to the party ?
(2) When is this computer used
by Koji ?

解説
❸ (1)「何人の人がそのパーティーに招待さ
れましたか。」 (2)「このコンピュータは
コウジによっていつ使われますか。」

50 受け身の文 ⑤

❶ (1) known, to
(2) were, surprised, at
(3) is, made, from
❷ (1) The baby is taken care of by
Kate
(2) The ground was covered with
snow
(3) Kota was spoken to by the girl
❸ (1) これらのかばんは紙で作られて
います。
(2) What are you interested in ?

〔解説〕

❶ (1)「～に知られている」はbe known to ～。

(2)「～に驚く」はbe surprised at ～。

(3)「～から作られている」はbe made from ～。原料が目で見てわからない場合に使う。

❷ (1)「～の世話をする」はtake care of ～。

(2)「～で覆われている」はbe covered with ～。 (3)「～に話しかける」はspeak to ～。

❸ (1) be made of ～「～で作られている」材料が目で見てわかる場合に使う。

(2)「～に興味がある」はbe interested in ～。

---

51 まとめテスト ⑦

❶ (1) are, sold (2) was, invited

(3) What, is, called

❷ (1) was, given, by

(2) was, written, her

(3) Is, used (4) aren't, made

❸ (1) この犬はクミによって世話されています。

(2) 彼は日本の歴史〔日本史〕に興味がありますか。

〔解説〕

❷ (1)「このプレゼントは彼によって私に贈られました。」 (2)「この電子メールはいつ彼女によって書かれましたか。」

(3)「あの図書館はたくさんの人々に利用されていますか。」 (4)「これらの箱は木で作られていません。」

---

52 現在完了 ①

❶ (1) have lived (2) since

❷ (1) have, studied (2) has, been

❸ (1) have, lived, since

(2) has, stayed〔been〕, for

(3) has, been, since

❹ (1) He has known Mami

(2) I have wanted a bike

〔解説〕

❸ (1)「私は2000年からずっとこの町に住んでいます。」 (2)「彼は1週間ずっと沖縄に滞在しています。」 (3)「スーザンは先週からずっと忙しい。」

❹ (1)「彼は2007年からずっとマミを知っています。」 (2)「私は3か月間ずっと自転車をほしいと思っています。」

---

53 現在完了 ②

❶ (1) has, not, seen〔met〕

(2) Has, he, been

(3) How, long, have

❷ (1) haven't cleaned the room since last Sunday

(2) How long has it rained

❸ (1) have (2) he, hasn't

(3) We, for

〔解説〕

❸ (1) A「あなたは長い間ずっとその店で働いていますか。」B「はい，そうです。」

(2) A「アキラはずっと新しい自転車をほしがっていますか。」B「いいえ，違います。彼はずっと新しいコンピュータをほしがっています。」 (3) A「あなた（たち）とケンはどのくらいの間，おたがいに知っていますか。」B「私たちは3年間ずっとおたがいに知っています。」

54　現在完了 ③

❶ (1) have, been, to
　(2) has, played, once
　(3) have, climbed, twice
❷ (1) have heard the story before
　(2) have read the book three times
❸ (1) 私はしばしばその男性に会ったことがあります。
　(2) ケンタは何度もその映画を見たことがあります。
　(3) I've〔I have〕had a dog before.

(解説)

before「以前」, once「1回」, twice「2回」, ～ times「～回」, many times「何度も」はふつう文末に置く。
❶ (1)「～へ行ったことがある」という経験はhave been to ～ で表す。

55　現在完了 ④

❶ (1) Have, ever, written
　(2) has, never, played
　(3) Has, ever, read
❷ (1) We have never been there
　(2) Have they ever talked with Tom
❸ (1) has
　(2) have, not〔never, have〕
　(3) he, hasn't

(解説)

❸ (1) A「ジェーンは今までに日本食を食べたことがありますか。」B「はい, あります。」 (2) A「あなたは今までにマークに会ったことがありますか。」B「いいえ, ありません。私は彼に会いたいです。」
　(3) A「あなたのお兄〔弟〕さんは今までに

あなたにプレゼントをあげたことがありますか。」B「いいえ, ありません。」

56　現在完了 ⑤

❶ (1) have, just　(2) has, gone, to
　(3) has, already
❷ (1) We have already finished cleaning the room
　(2) My sister has just come back from school
　(3) It has already stopped raining
❸ (1) 私はすでに昼食を食べ(終え)ました。
　(2) Mai and Kana have just arrived here.

(解説)

❶ (2)「～へ行ってしまった」はhave〔has〕gone to ～。

57　現在完了 ⑥

❶ (1) has, not, yet　(2) Have, yet
　(3) I, have　(4) I, haven't〔not, yet〕
❷ (1) I haven't〔have not〕left home yet.
　(2) Has the game started yet ?
❸ (1) Have they heard the news yet
　(2) The plane hasn't arrived at the airport yet

(解説)

❷ (1)「私はまだ家を出ていません。」
　(2)「その試合はもう始まりましたか。」

58 まとめテスト⑧

① (1) already　(2) for　(3) How long
② (1) Yumi has never heard the story (before).
　　(2) How long has it been rainy ?
③ (1) have, lost
　　(2) Have, ever, been
④ (1) 彼はまだ手紙を送っていません。
　　(2) 彼（女）らはもう昼食を食べ（終え）ましたか。
　　(3) I've〔I have〕known her since last year.

解説

① (1)「私はすでに宿題を終えました。」
　　(2)「ビルは1週間病気です。」　(3)「あなたはどれくらいの間，英語を勉強していますか。」
② (1)「ユミは一度もその話を聞いたことがありません。」　(2)「どれくらいの間，雨が降っていますか。」
③ (1)「私はかさをなくしてしまいました。」
　　(2)「あなた（たち）は今までに日本に来たことがありますか。」

59 仕上げテスト①

① (1) is　(2) is　(3) better　(4) and
② (1) taking　(2) earlier　(3) cutting
③ (1) 私のカメラはあなたの（カメラ）と同じくらい高い。
　　(2) 卵は多くの国で朝食に食べられています。
　　(3) Will〔Can, Would, Could〕you give me something cold to drink ?〔Will you give something cold to drink to me ?〕
　　(4) My brother went to France to study art.
④ (1) he → him　(2) in → of

解説

① (1)「私のカップには紅茶が入っています。」　(2)「もし明日雨ならば，私はハイキングに行きません。」　(3)「犬とねことではどちらが好きですか。」　(4)「急ぎなさい，そうすればバスに間に合います。」
② (1)「ルーシーはそのとき入浴していました。」　(2)「私は兄（弟）よりもずっと早く起きました。」　(3)「あなた（たち）はいつ木を切り終える予定ですか。」
④ (1)「私たちは彼をジムと呼びます。」
　　(2)「ヨウコは3人の中でいちばん背が高い少女です。」

60 仕上げテスト②

① (1) running　(2) seen
　　(3) better　(4) biggest
② (1) has, been
　　(2) don't, have　(3) was, bought
　　(4) Shall, we　(5) must
③ (1) I thought that Tom was tired
　　(2) Who is the most popular singer

解説

① (1)「私は公園で走るのを楽しみました。」
　　(2)「私はその映画を一度も見たことがありません。」　(3)「サリーはケンよりも上手にサッカーをします。」　(4)「私の弁当箱はクラスでいちばん大きい。」
② (1)「ミホは1か月間ずっとロンドンにいます。」　(2)「ここでは靴を脱ぐ必要はありません。」　(3)「きれいなドレスはおばによって私に買われました。」　(4)「次の土曜日，釣りに行きましょうか。」
　　(5)「あなた（たち）はここで野球をしてはいけません。」

不規則動詞の変化形

不規則動詞の変化形

be動詞

原　形	過去形	過去分詞形
be（〜である）	was, were	been

A-A-A型

原　形	過去形	過去分詞形
cost（お金・費用がかかる）	cost	cost
cut（切る）	cut	cut
hit（打つ）	hit	hit
let（〜させる）	let	let
read（読む）	read	read
put（置く）	put	put
set（置く，設置する）	set	set
shut（閉める）	shut	shut

A-B-A型

原　形	過去形	過去分詞形
become（なる）	became	become
come（来る）	came	come
run（走る）	ran	run

A-B-B型

原　形	過去形	過去分詞形
build（建てる）	built	built
buy（買う）	bought	bought
catch（つかまえる）	caught	caught
feel（感じる）	felt	felt
fight（戦う）	fought	fought
find（見つける）	found	found
get（手に入れる）	got	got / gotten
have（持つ）	had	had
hear（聞く，聞こえる）	heard	heard
keep（保つ）	kept	kept
leave（去る，出発する）	left	left
lose（負ける，失う）	lost	lost
make（作る）	made	made
mean（意味する）	meant	meant
meet（会う）	met	met
pay（支払う）	paid	paid
say（言う）	said	said
sell（売る）	sold	sold
send（送る）	sent	sent
sit（座る）	sat	sat
sleep（眠る）	slept	slept
spend（過ごす）	spent	spent
stand（立つ）	stood	stood
teach（教える）	taught	taught
tell（言う，伝える）	told	told
think（思う，考える）	thought	thought
understand（理解する）	understood	understood
win（勝つ）	won	won

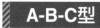

A-B-C型

原　形	過去形	過去分詞形
begin（始まる，始める）	began	begun
break（壊す，(窓を)割る）	broke	broken
choose（選ぶ）	chose	chosen
do（する）	did	done
draw（描く）	drew	drawn
drink（飲む）	drank	drunk
drive（運転する）	drove	driven
eat（食べる）	ate	eaten
fly（飛ぶ）	flew	flown
fall（落ちる）	fell	fallen
forget（忘れる）	forgot	forgotten / forgot
get（手に入れる）	got	gotten / got
give（与える）	gave	given
go（行く）	went	gone
grow（育つ，育てる）	grew	grown
know（知る）	knew	known
see（見る）	saw	seen
show（見せる）	showed	shown / showed
sing（歌う）	sang	sung
swim（泳ぐ）	swam	swum
speak（話す）	spoke	spoken
take（持って行く，撮る）	took	taken
throw（投げる）	threw	thrown
write（書く）	wrote	written

原形，過去形，過去分詞形の順に，
この表を毎日声に出して読むと，
自然に覚えることができるよ。